Sonja Herberhold

Zeichentrick Prinzessinnen *häkeln*

12 Kindheitslieblinge von Meerjungfrau bis Häuptlingstochter

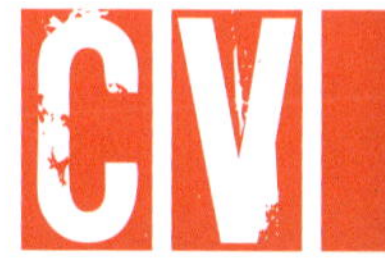

Inhalt

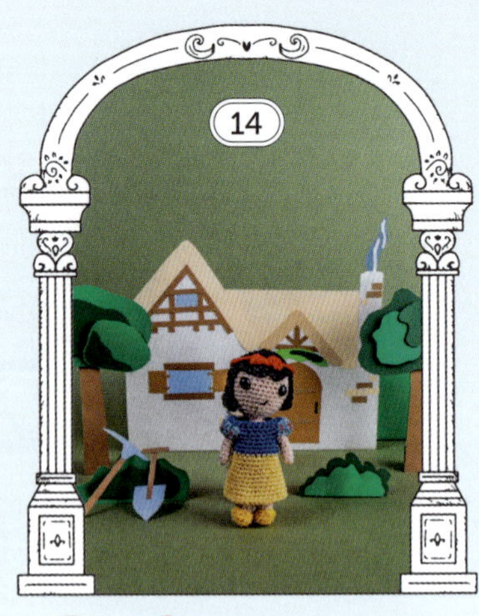

Die Zwergenprinzessin

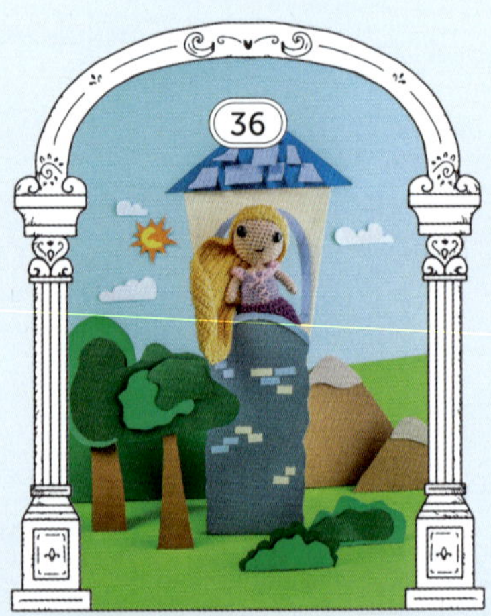

Die Turmprinzessin

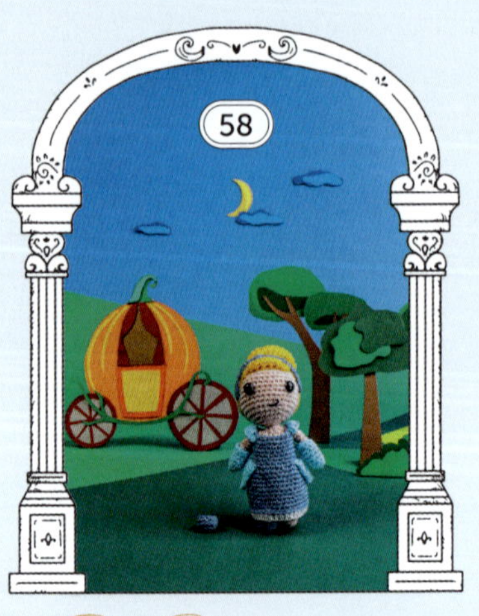

Die Ballprinzessin

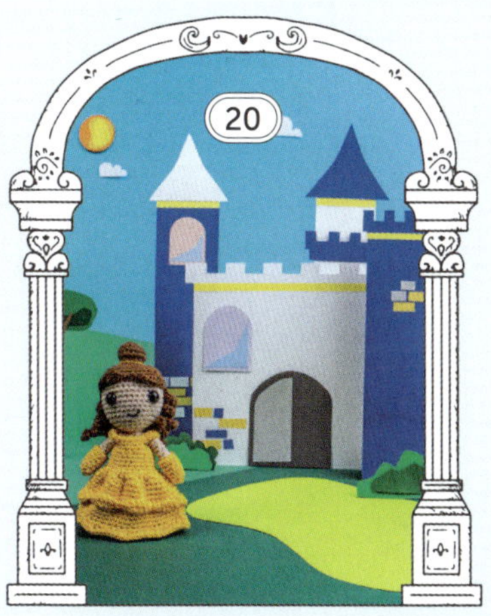

Die Dorfprinzessin

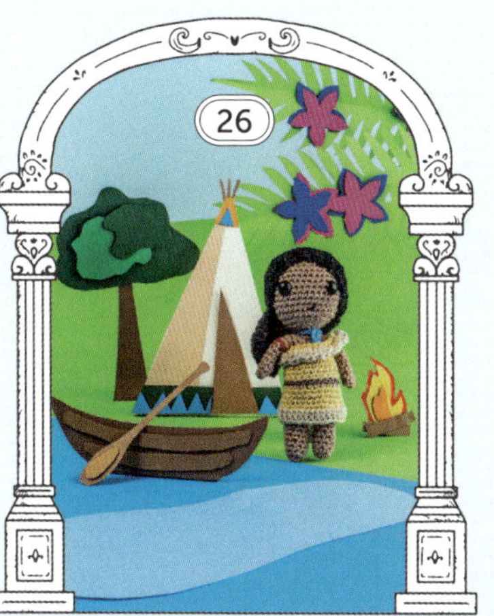

Die Häuptlingstochter

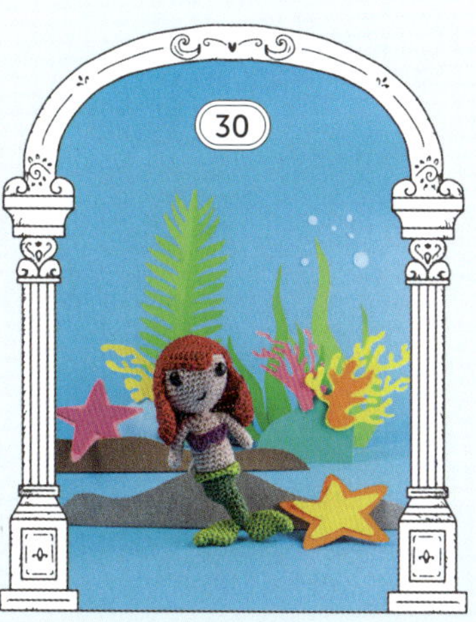

Die Meeresprinzessin

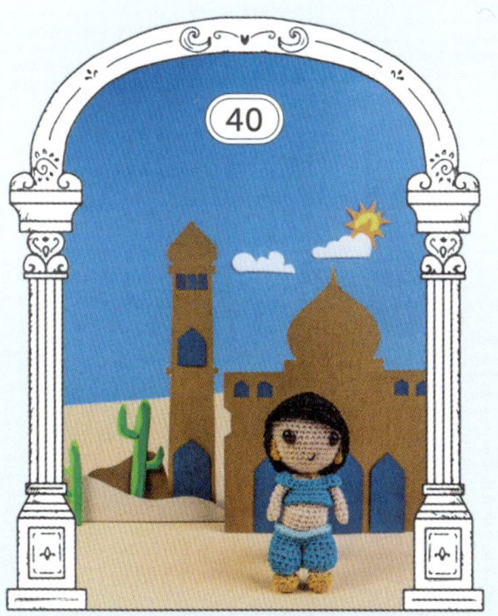

Die Sultanstochter

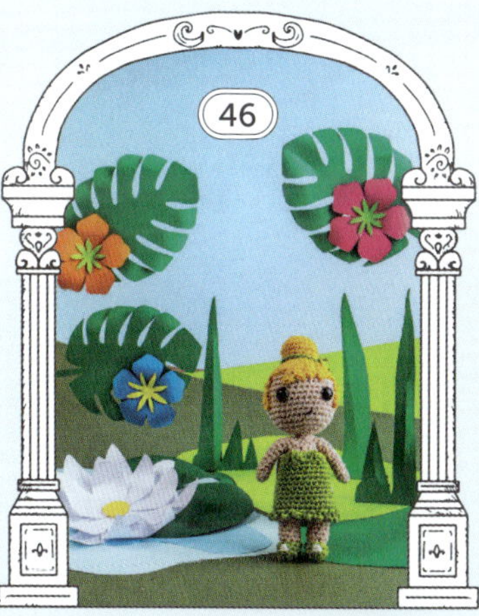

Die Feenprinzessin

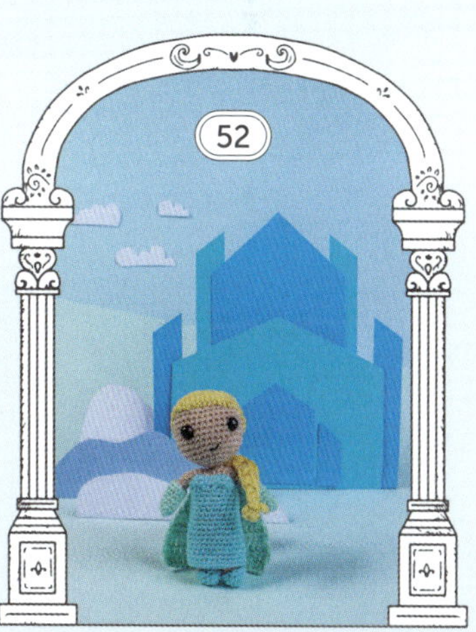

Die Eisprinzessin

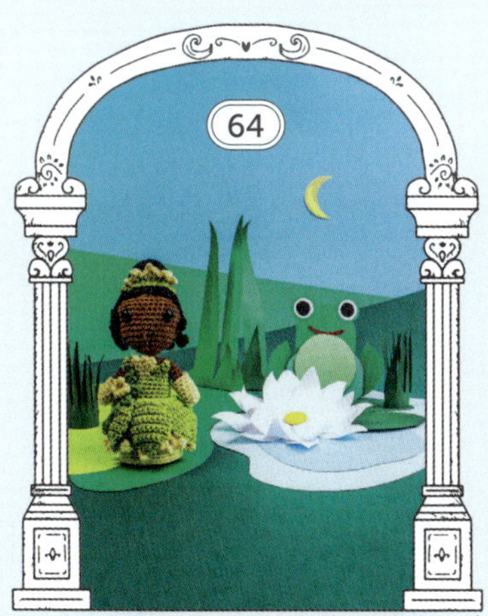

Die Froschprinzessin

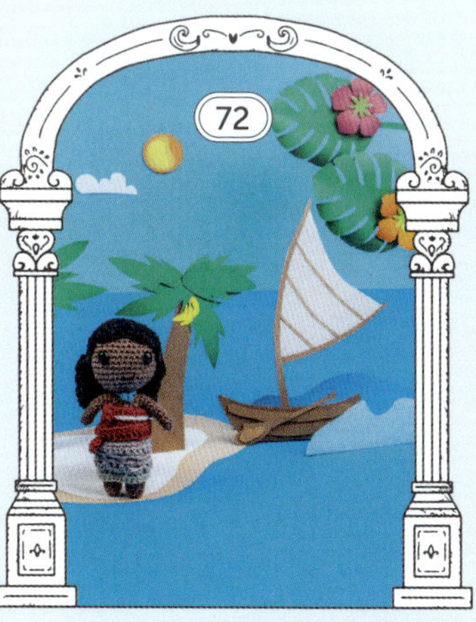

Die Inselprinzessin

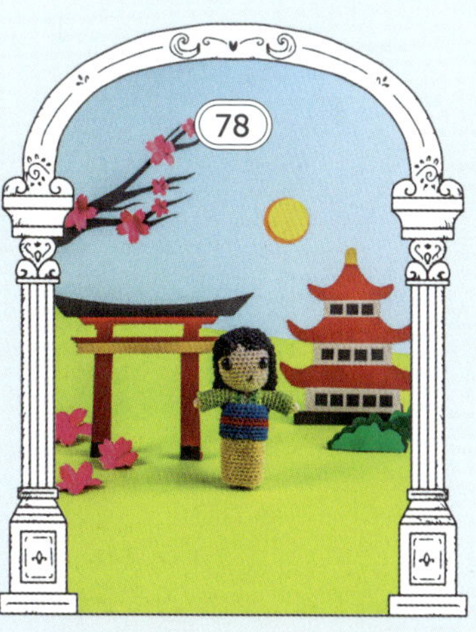

Die Kriegerprinzessin

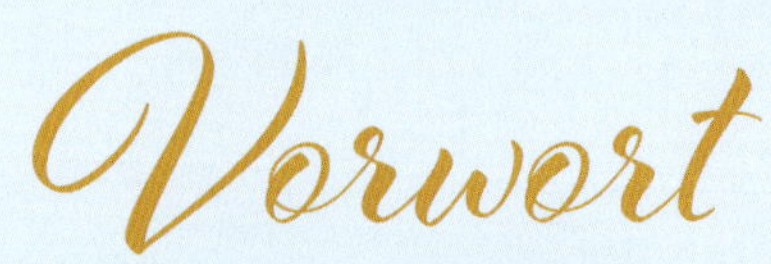

Vorwort

Es gibt viele Menschen, die mit Zeichentrickfiguren nicht nur schöne Kindheitserinnerungen verbinden, sondern sie auch im Erwachsenenalter noch kennen und lieben. Sei es die beliebte Meerjungfrau, die für die Liebe ihres Lebens alles riskiert, oder die Tochter eines Kriegers, die der Welt zeigen will, was in ihr steckt. Sie und viele mehr inspirierten uns von klein auf und motivieren bis heute Kinder, ihrem Traum zu folgen.

Es ist deshalb nicht verwunderlich, dass sich diese Charaktere als Puppen und Figuren immer größerer Beliebtheit erfreuen. Doch noch schöner als die zu Tausenden produzierten Figuren sind selbstgemachte Amigurumis, die an Freundinnen und Freunde und an die Familie zu verschenken, oder für sich selbst eine kleine Begleiterin zu häkeln. So repräsentieren sie nicht nur die schönen Kindheitserinnerungen, sondern sind auch etwas ganz Einzigartiges.

Bei solch einer großen Auswahl an Zeichentrickfiguren ist es natürlich nicht leicht, sich für einen Charakter zu entscheiden. In diesem Buch sind Anleitungen zum Häkeln der 12 beliebtesten Prinzessinnen zu finden. Mit ihnen macht nicht nur das Endergebnis, sondern auch das Häkeln jede Menge Spaß!

Zu jeder Anleitung ist der Schwierigkeitsgrad der Projekte auf einer Skala von 1 bis 3 angegeben, wobei 3 das schwierigste und 1 das einfachste Niveau beschreibt. So finden sowohl Häkelanfängerinnen und -anfänger als auch Fortgeschrittene die passenden Anleitungen.

Alle Figuren sind etwa 13 cm hoch und basieren auf stets derselben Grundanleitung. Da die Kleidungsstücke der Prinzessinnen nicht angenäht sind, sondern angezogen werden, können aus einer Basis-Figur auch ganz neue Figuren mit anderen Outfits entstehen!

Viel Spaß beim Häkeln!
Sonja ☺

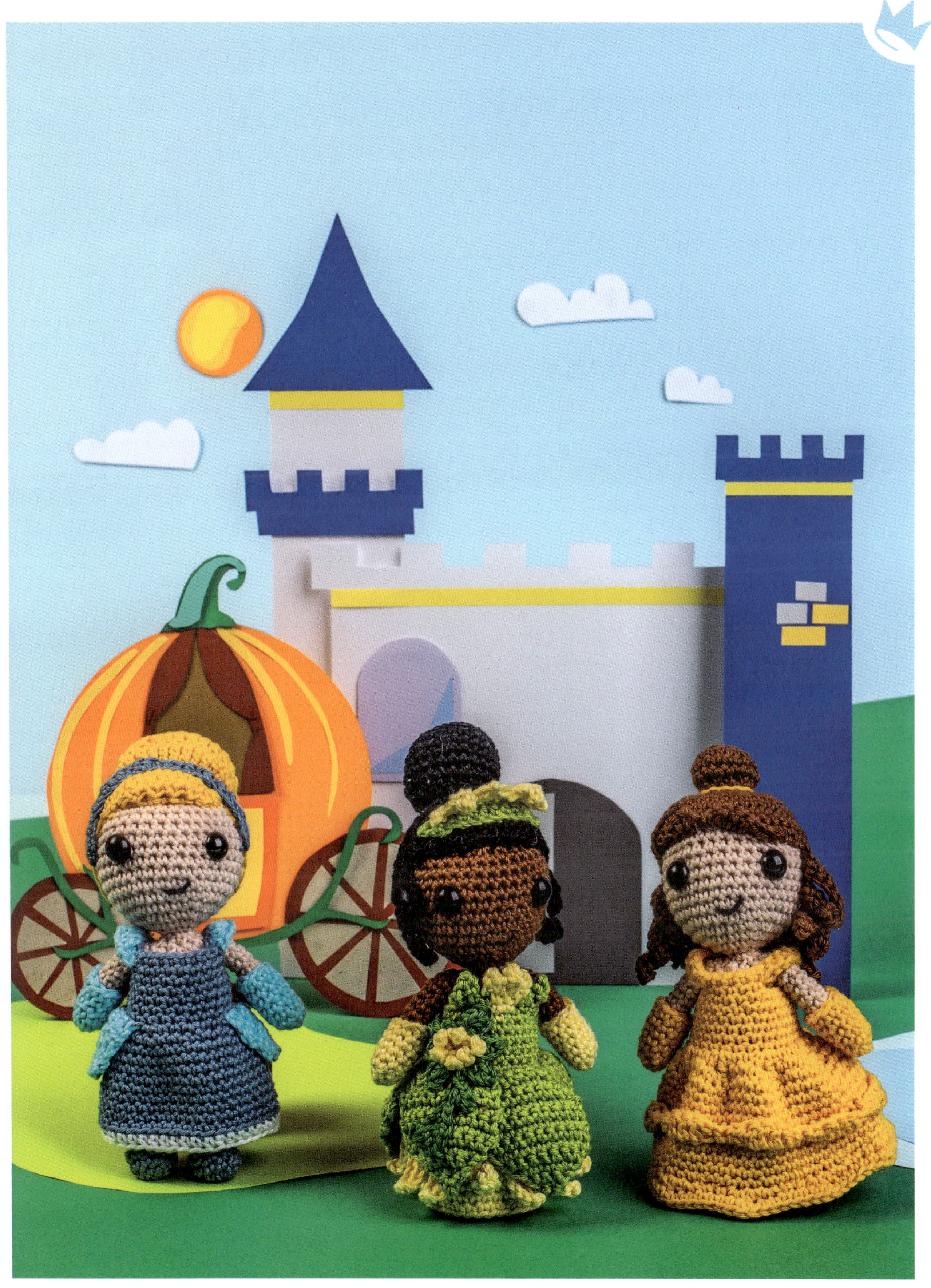

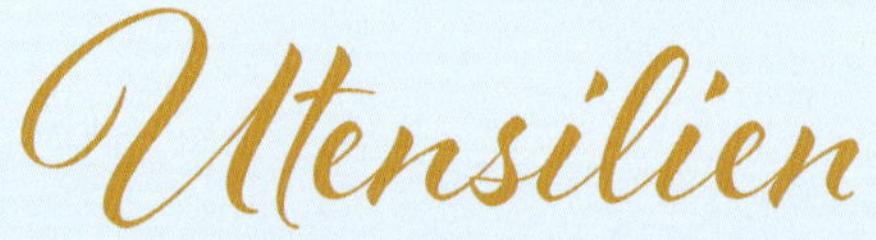

Utensilien

Notwendig

Folgende Arbeitsmittel werden bei jeder Figur gebraucht:

Garn

Ich persönlich benutze bei allen Charakteren das Garn »Schachenmayr Catania«, grundsätzlich kann aber jede andere Art von Wolle/Garn verwendet werden. Dabei ist zu beachten, dass sich dementsprechend auch die Nadelstärke und die finale Größe der Figur ändern kann.
Auch die Farben sind natürlich frei wählbar; ich gebe hier jeweils die von mir verwendeten Farben an.

Häkelnadel

Grundsätzlich kann auch hier jede und jeder entscheiden, welche Häkelnadel am besten passt; die Nadelstärke sollte aber ungefähr zur Fadenstärke des Garns passen.
Ich verwende eine Nadel der Stärke 2,5.

Nähnadel

Zum Annähen und Aufsticken empfehle ich eine eher dünne Nähnadel, um genau und detailliert arbeiten zu können.

Schere

Es ist keine spezielle Garnschere nötig, auch eine einfache Bastelschere erfüllt ihren Zweck ☺.

Füllwatte

Ich persönlich verwende waschbare Kissenfüllwatte, aber auch hier gibt es verschiedenste Alternativen.

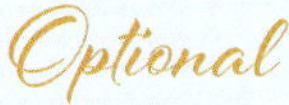

Folgende Arbeitsmittel sind nicht zwingend notwendig, helfen aber, das Häkeln zu erleichtern:

Maschenmarkierer

Das Benutzen eines Maschenmarkierers empfehle ich sehr; ich persönlich benutze einfach einen kurzen Faden, um die erste Masche der Runde zu markieren. Beim Häkeln in Reihen setze ich meist keinen Maschenmarkierer ein, bei mehreren gleichen Reihen erleichtert er aber auch hier die Zählarbeit.

Reihenzähler

Reihenzähler empfehle ich vor allem, wenn mehr als drei Runden nur feste Maschen gehäkelt werden; alternativ funktioniert natürlich auch eine Strichliste oder der Maschenmarkierer wird einfach im Häkelstück belassen und von diesem ausgehend die Runden gezählt.

Stecknadeln

Stecknadeln sind besonders hilfreich, um beim Annähen die jeweiligen Teile an der gewünschten Stelle festzupinnen, damit alles an der richtigen Stelle sitzt.

SCHWIERIGKEITSGRAD

leicht ♛ (1 von 3)
mittel ♛♛ (2 von 3)
schwer ♛♛♛ (3 von 3)

Körper

Da der Körper aus einem Stück besteht, ist es wichtig, zuerst die Arme zu häkeln, dann die Beine, und dann den Rumpf, an dem die Arme und Beine angehäkelt werden.

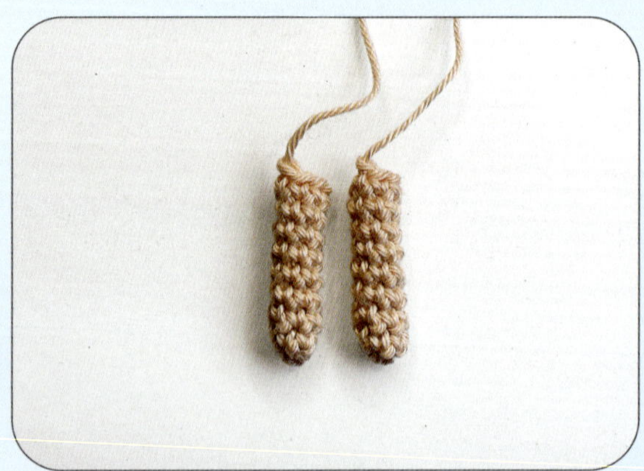

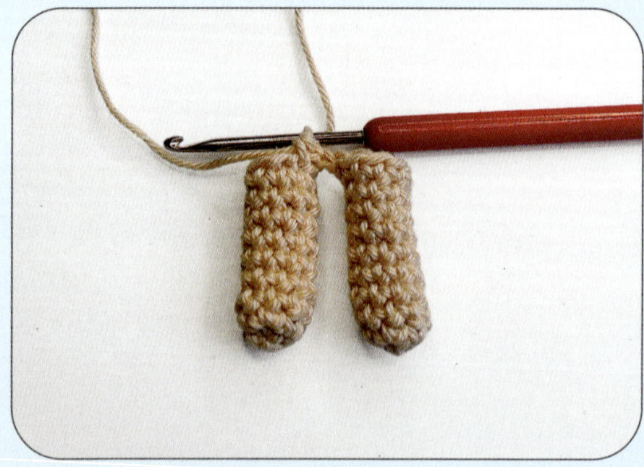

Arme (2x häkeln)

In der angegebenen Farbe 6 fM in einen Fadenring häkeln (alternativ: 2 Lm und 6 fM in die 2. Lm von der Nd aus) = 6 M

1.–8. Rd: 6 fM (8 Runden)

Den Faden abschneiden und durchziehen. Optional die Arme leicht ausstopfen.

Beine (2x häkeln)

In der angegebenen Farbe 4 fM in einen Fadenring häkeln (alternativ: 2 Lm anschl. und 4 fM in die 2. Lm von der Nd aus) = 4 M

1. Rd: jede M verd = 8 M

2.–9. Rd: 8 fM (8 Rd)

Für das erste Bein den Faden abschneiden und durchziehen.

Das zweite Bein wie das erste Bein häkeln, aber den Faden nicht abschneiden, sondern wie folgt weiterhäkeln:

10. Rd: 2 Lm, beginnend an einer M der 9. Rd des ersten Beins 8 fM weiterhäkeln, 2 fM an den Lm zwischen den Beinen, 8 fM am zweiten Bein

11. Rd: 2 fM an der anderen Seite der Lm-Kette zwischen den Beinen, 18 fM = 20 M

Die Beine ausstopfen und über den 20 M direkt den Rumpf weiterhäkeln:

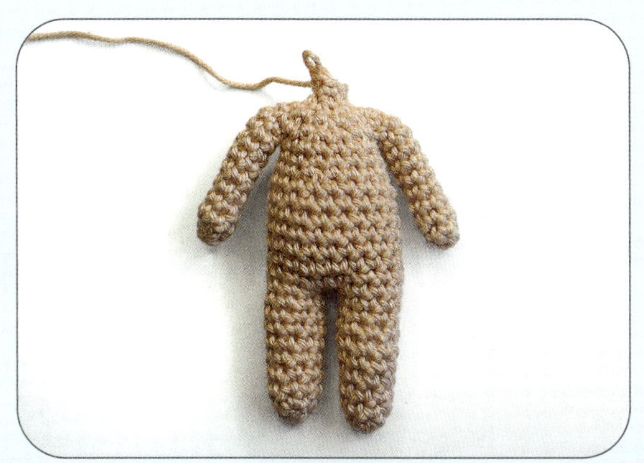

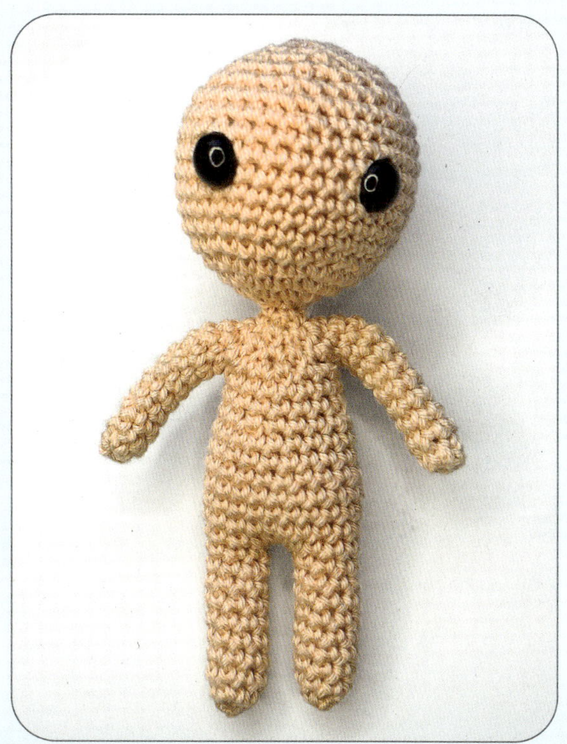

Rumpf

12.–17. Rd: 20 fM (6 Rd)
18. Rd: jede 4. und 5. M zus = 16 M
19. Rd: 16 fM
20. Rd: 7 fM, beginnend an einer Masche der 19. Rd. eines Arms 6 fM weiterhäkeln, an der nächsten Masche am Körper 8 fM weiterhäkeln, beginnend an einer Masche der 19. Rd. des zweiten Arms 6 fM weiterhäkeln, in die nächste Masche am Körper 1 fM = 28 M
Den Körper ausstopfen. Für den Hals wie folgt weiterhäkeln:
21. Rd: jede 3. und 4. M zus = 21 M
22. Rd: jede 2. und 3. M zus = 14 M
23. Rd: je 2 M zus = 7 M
Den Körper fertig ausstopfen.
24. Rd: 2 M zus, 5 fM = 6 M

Für den Kopf wie folgt weiterhäkeln:

25. Rd: jede M verd = 12 M
26. Rd: jede 2. M verd = 18 M
27. Rd: jede 3. M verd = 24 M
28. Rd: jede 4. M verd = 30 M
29. Rd: (1 fM, 1 M verd, 3 fM) x6 = 36 M
30.–37. Rd: 36 fM (8 Runden)
Die Augen zwischen der 33. und 34. Rd im Abstand von 8 M befestigen.
38. Rd: jede 5. und 6. M zus = 30 M
39. Rd: jede 4. und 5. M zus = 24 M
Den Kopf ausstopfen.
40. Rd: jede 3. und 4. M zus = 18 M
41. Rd: jede 2. und 3. M zus = 12 M
42. Rd: je 2 M zus = 6 M
Den Kopf fertig ausstopfen. Anschließend den Faden abschneiden, durchziehen und vernähen.

Die Zwergenprinzessin

SCHWIERIGKEIT: 1 von 3

MATERIAL

- Garn in den Farben
  - beige (soft apricot 00263)
  - blau (royal 00201)
  - hellblau (denim 00421)
  - hellgelb (honig 00206)
  - rot (signalrot 00115)
  - weiß (weiß 00106)
  - gelb (sonne 00208)
  - schwarz (schwarz 00110)

- 2 schwarze Sicherheitsaugen, ø 10 mm

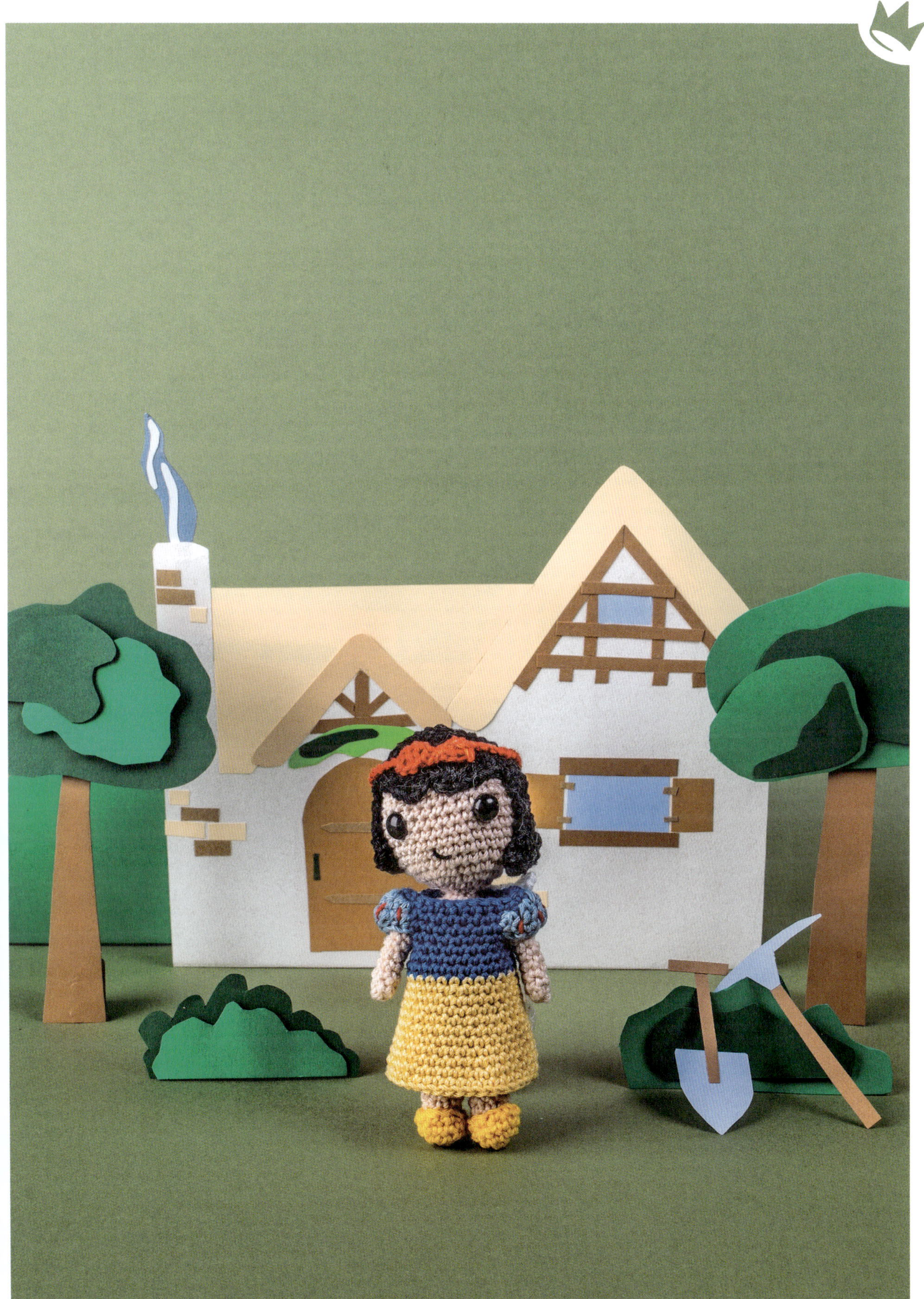

ANLEITUNG

Körper

Den Körper entspr. der Anleitung auf Seite 12/13 in beige häkeln.

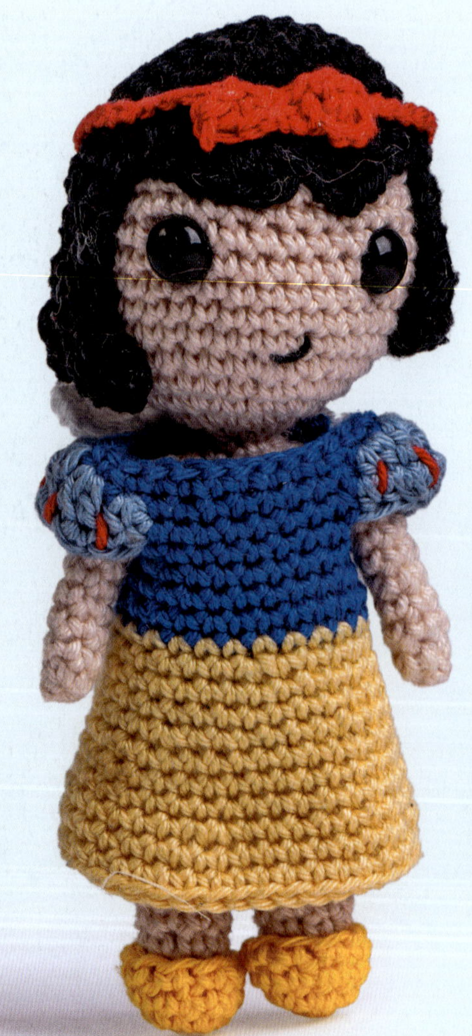

Kleid

In blau 26 Lm anschl.

1. Rd: mit 1 fM in die 1. Lm der Lm-Kette diese zum Ring schließen, 25 fM = 26 M

2. Rd: ihMg 8 fM, in hellblau 1 hStb verd, 3 Stb verd, 1 hStb verd, in blau 8 fM, in hellblau 1 hStb verd, 3 Stb verd, 1 hStb verd = 36 M

3. Rd: in blau 8 fM, in hellblau 2 hStb, (2 Stb zus) x3, 2 hStb, in blau 8 fM, in hellblau 2 hStb, (2 Stb zus) x3, 2 hStb = 30 M

4. Rd: in blau (8 fM, 4 Lm, die nächsten 5 M überspringen) x2= 16 M+ 8 Lm

»SPIEGLEIN, SPIEGLEIN AN DER WAND, WER IST DIE SCHÖNSTE IM GANZEN LAND?« ... »FRAU KÖNIGIN, IHR SEID DIE SCHÖNSTE HIER, ABER SCHNEEWITTCHEN IST TAUSENDMAL SCHÖNER ALS IHR.«

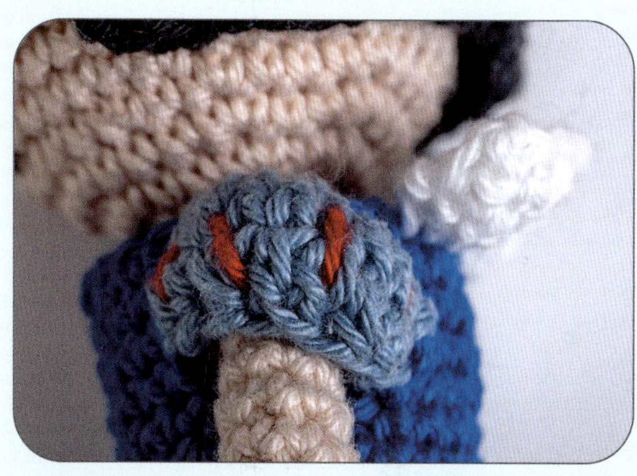

5. Rd: (8 fM, 4 fM in die Lm) x2 = 24 M
6. und 7. Rd: 24 fM (2 Runden)
8. Rd: in hellgelb 24 fM
9. Rd: jede 6. M verd = 28 M
10. und 11. Rd: 28 fM (2 Rd)
12. Rd: (3 fM, 1 M verd, 3 fM) x4 = 32 M
13.–15. Rd: 32 fM (3 Rd)
16. Rd: jede 8. M verd = 36 M
17. und 18. Rd: 36 fM (2 Rd)

Den Faden abschneiden und durchziehen. Alle Fäden vernähen.

In rot kurze Striche auf die Ärmel des Kleids sticken.

Halskrause

Die Halskrause in weiß häkeln.

Die Halskrause wird direkt in die 8 vMg der 1. Rd des Kleids in Reihen gehäkelt. Dazu die Nadel in das erste oder letzte vMg der 8 M einstechen und in die 8 vMg häkeln:

1. R: 8 fM, 1 WL
2. R: 8 M verd = 16 M, 1 WL
3. R: 16 fM, 1 WL
4. R: (2 M zus) x2, 8 fM, (2 M zus) x2 = 12 M

Den Faden abschneiden, durchziehen und vernähen.

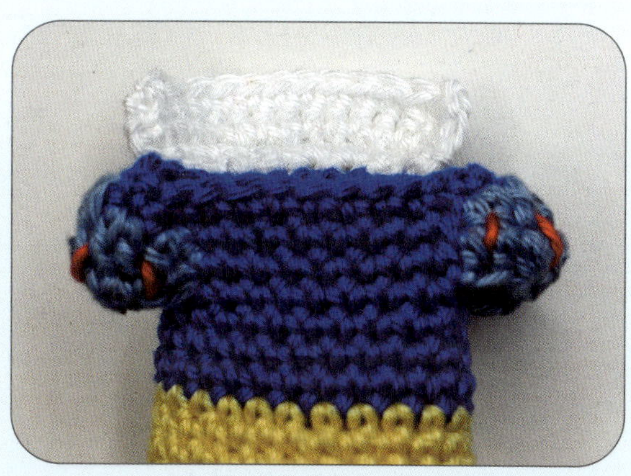

»WER HAT VON MEINEM TELLERCHEN GEGESSEN?« ... »WER HAT AUS MEINEM BECHERLEIN GETRUNKEN?« ... »WER HAT IN MEIN BETTCHEN GETRETEN?«

Haare

In schwarz einen Fadenring mit 6 fM anschl. (alternativ: 2 Lm anschl. und 6 fM in die 2. Lm von der Nd aus) = 6 M

1. Rd: jede M verd = 12 M
2. Rd: jede 2. M verd = 18 M
3. Rd: jede 3. M verd = 24 M
4. Rd: jede 4. M verd = 30 M
5. Rd: (1 fM, 1 M verd, 3 fM) x6 = 36 M
6. Rd: 36 fM
7. Rd: 1 fM, 1 hStb, 1 hStb verd, 1 Stb, 1 Stb verd, 2 Lm, 1 Km in die gleiche M wie die 2 Stb, 2 Km, 2 Lm, 2 Stb in die gleiche M wie die 2. Km, 1 Stb, 1 hStb verd, 1 hStb, 26 fM, 1 WL, wenden und die Haare in Reihen fertig häkeln:
1.–6. R: 25 fM, 1 WL (6 R)
7. R: 4 Stb in 1 M, (3 M zus, 4 Stb in 1 M) x6 = 34 M, 1WL
8. R: (1 fM, 2 M zus, 2 fM) x6, 1 fM, 2 M zus, 1 fM = 27 M

Den Faden lang abschneiden und durchziehen, noch nicht vernähen.

Schuhe (2x häkeln)

In gelb einen Fadenring mit 6 fM anschl. (alternativ: 2 Lm anschl. und 6 fM in die 2. Lm von der Nd aus) = 6 M

1. Rd: jede M verd = 12 M
2. Rd: 12 fM
3. Rd: jede 3. und 4. M zus = 9 M

Den Faden abschneiden, durchziehen und alle Fäden vernähen.

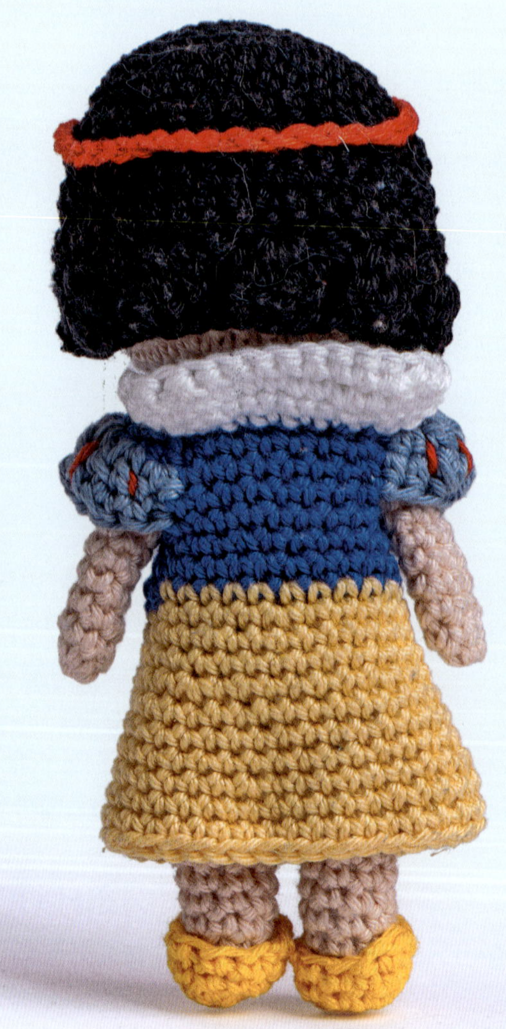

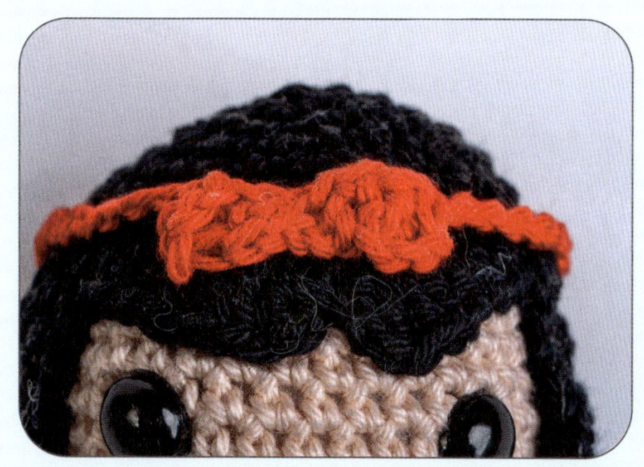

Fertigstellen

Die Haare am Kopf festnähen und in schwarz den Mund aufsticken. Die Schleife auf den Haaren befestigen. Zum Schluss das Kleid und die Schuhe anziehen.

Haarschleife

In rot 44 Lm anschl.
1. R: 2 Stb in die 3. Lm von der Nd aus, 1 fM, 1 Km, 5 Lm, 2 Stb in die 3. Lm von der Nd aus, 1 fM, 1 Km, 1 Km in die erste Lm der ursprünglichen Lm-Kette, sodass sich die Kette zum Ring schließt.

»LIPPEN ROT WIE DIE ROSE, HAARE SCHWARZ WIE EBENHOLZ, HAUT WEISS WIE SCHNEE.«

Die Dorfprinzessin

SCHWIERIGKEIT: 2 von 3 Kronen

MATERIAL

- Garn in den Farben
  - beige (soft apricot 00263)
  - braun (marone 00157)
  - gelb (sonne 00208)
  - schwarz (schwarz 00110)

- 2 schwarze Sicherheitsaugen, ø 10 mm

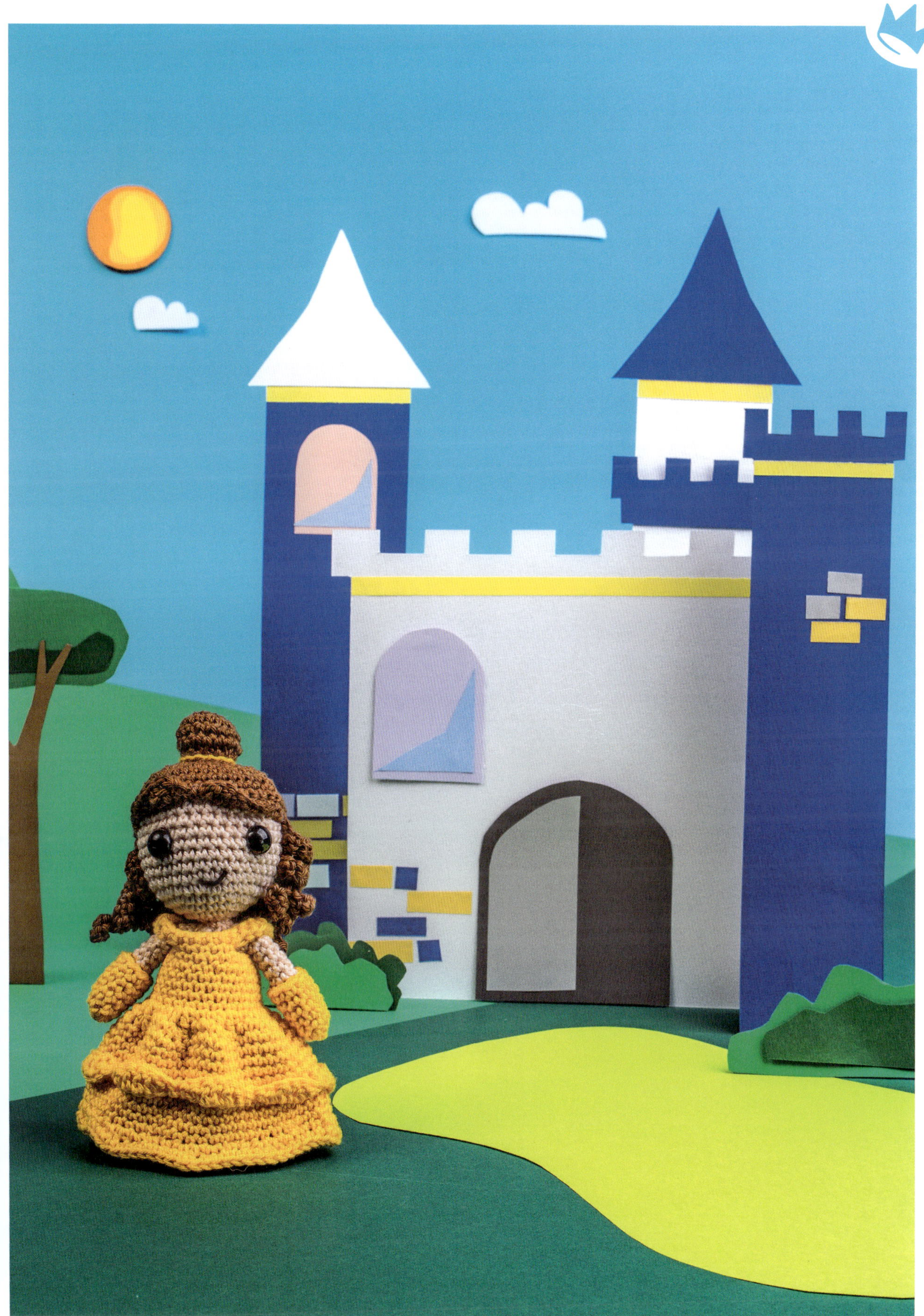

Körper

Den Körper entspr. der Anleitung auf Seite 12/13 in beige häkeln.

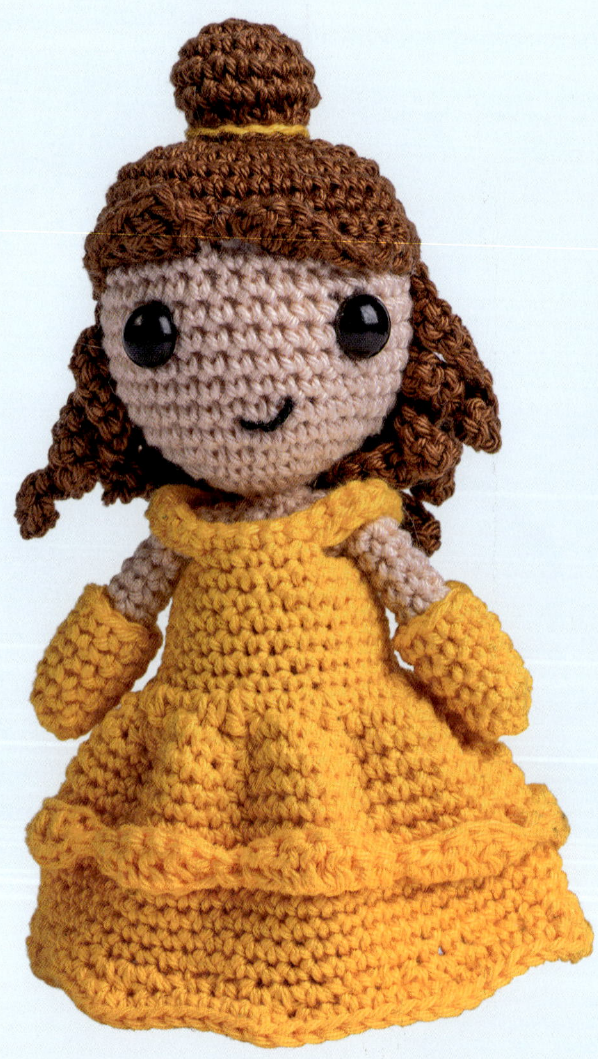

Kleid

In gelb 26 Lm anschl.

1. Rd: mit 1 fM in die erste Lm die Lm-Kette zum Ring schließen, entlang der Lm-Kette weiterhäkeln: 3 fM, 6 hStb, 7 fM, 6 hStb, 3 fM = 26 M

2. Rd: 3 fM, 7 Lm, die nächsten 8 M überspringen, 5 fM, 7 Lm, die nächsten 8 M überspringen, 2 fM = 10 M + 14 Lm

3. Rd: 3 fM, 7 fM in die Lm, 5 fM, 7 fM in die Lm, 2 fM = 24 M

4.–8. Rd: 24 fM (5 Rd)

9. Rd: (1 fM, (1 hStb, 1 Stb, 1 hStb) in 1 M, 1 fM) x8 = 40 M

10. Rd: (2 fM, 3 hStb in 1 M, 2 fM) x8 = 56 M

11.–15. Rd: 56 fM (5 Rd)

16. Rd: (7 Lm, die nächsten 6 M überspringen, 1 Km ivMg der 7. M) x8

17. Rd: in die eben entstandenen Lm-Ketten häkeln: (1 fM, 1 hStb, 3 Stb, 1 hStb, 1 fM, 1 Km in das gleiche vMg wie in der Vorrunde) x8

»LIEBE MUSS NICHT PERFEKT SEIN, SIE MUSS NUR ECHT SEIN.«

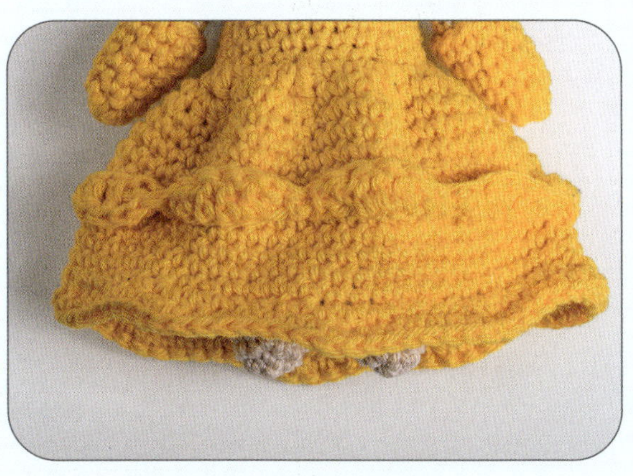

Armstulpen (2x häkeln)

In gelb einen Fadenring mit 6 fM anschl. (alternativ: 2 Lm anschl. 6 fM in die 2. Lm von der Nd aus) = 6 M

1. Rd: jede 2. M verd = 9 M

2.–6. Rd: 9 fM (5 Rd)

Den Faden abschneiden und durchziehen. Alle Fäden vernähen.

18. Rd: nun weiter in der 15. Rd des Kleids häkeln: (6 fM, ihMg 1 fM) x8 = 56 M

19.–22. Rd: 56 fM (4 Rd)

23. Rd: (2 M zus, 1 M verd, 1 hStb verd, 1 M verd, 2 M zus) x8 = 64 M

24. Rd: 64 fM

Den Faden abschneiden und durchziehen. Alle Fäden vernähen.

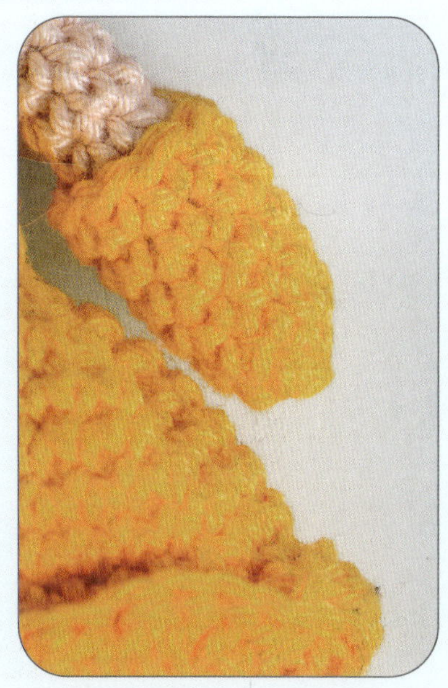

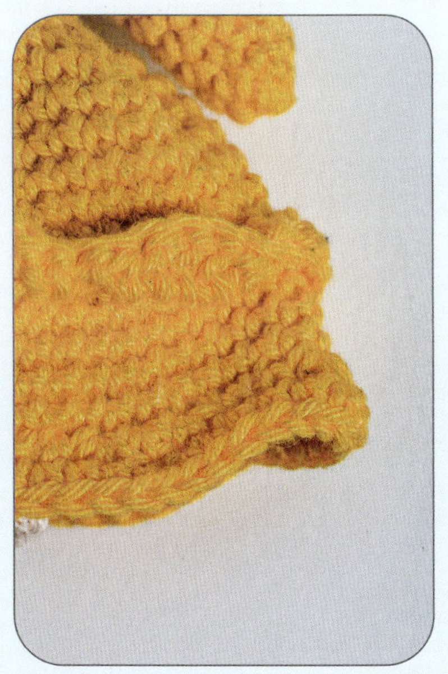

Haare

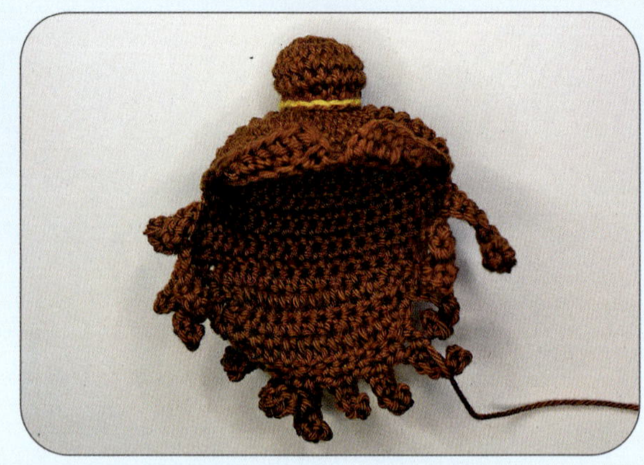

In braun einen Fadenring mit 6 fM anschl. (alternativ: 2 Lm anschl. 6 fM in die 2. Lm von der Nd aus) = 6 M
1. Rd: jede M verd = 12 M
2. Rd: jede 2. M verd = 18 M
3. und 4. Rd: 18 fM (2 Rd)
5. Rd: jede 2. und 3. M zus = 12 M
6. Rd: in gelb ivMg 12 Km
7. Rd: in braun ihMg der 5. Rd häkeln: jede M verd = 24 M
Den Dutt ausstopfen.
8. Rd: jede 4. M verd = 30 M
9. Rd: (1 fM, 1 M verd, 3 fM) x6 = 36 M
10. Rd: jede 9. M verd = 40 M
11. und 12. Rd: 40 fM (2 Rd)
13. Rd: 22 fM, 1 WL, wenden und die Haare in Reihen fertig häkeln:
1. R: ihMg (3 Stb, 3 hStb, 3 fM), 31 fM = 40 M, 1 WL
2. R: ivMg (3 Stb, 3 hStb, 3 fM), 21 fM, die letzten 10 M weglassen = 30 M
3. R: 9 Lm, 1 fM in die 2. Lm von der Nd aus, 7 fM entlang der Lm-Kette, 20 fM, die letzten 10 M weglassen = 20 M + 1 Strähne
4. R: 11 Lm, 1 fM in die 2. Lm von der Nd aus, 9 fM entlang der Lm-Kette, 20 fM
5. R: 12 Lm, 1 fM in die 2. Lm von der Nd aus, 10 fM entlang der Lm-Kette, 20 fM

»SIE WARNTE IHN DAVOR, SICH NICHT TÄUSCHEN ZU LASSEN, DA MAN DIE SCHÖNHEIT IM VERBORGENEN FINDET.«

6. R: 11 Lm, 1 fM in die 2. Lm von der Nd aus, 9 fM entlang der Lm-Kette, 2 M zus, 16 fM 2 M zus = 18 M (ohne die Strähnen)
7. R: 6 Lm, 1 fM in die 2. Lm von der Nd aus, 4 fM entlang der Lm-Kette, 2 M zus, 14 hStb 2 M zus = 16 M (ohne die Strähnen)
8. R: 8 Lm, 1 fM in die 2. Lm von der Nd aus, 6 fM entlang der Lm-Kette, 2 M zus, 1 hStb 10 Stb, 1 hStb, 2 M zus = 14 M (ohne die Strähnen), 1 WL
9. R: 2 M zus, 10 hStb, 2 M zus = 12 M, 1 WL
10. R: 12 Stb
11. R: 6 Lm, 1 fM in die 2. Lm von der Nd aus, 4 fM entlang der Lm-Kette, 2 fM, 7 Lm, 1 fM in die 2. Lm von der Nd aus, 5 fM entlang der Lm-Kette, 2 fM, 9 Lm, 1 fM in die 2. Lm von der Nd aus, 7 fM entlang der Lm-Kette, 1 fM, 8 Lm, 1 fM in die 2. Lm von der Nd aus, 6 fM entlang der Lm-Kette, 2 fM, 5 Lm, 1 fM in die 2. Lm von der Nd aus, 3 fM entlang der Lm-Kette, 2 fM, 6 Lm, 1 fM in die 2. Lm von der Nd aus, 4 fM entlang der Lm-Kette, 2 fM 7 Lm, 1 fM in die 2. Lm von der Nd aus, 5 fM entlang der Lm-Kette, 1 fM
Den Faden lang abschneiden und durchziehen.

Fertigstellen

Die Haare am Kopf festnähen, dabei an der Stirn die beiden mittleren Strähnen hochfalten und die Frisur hier an den zuvor ausgelassenen Mg annähen. In schwarz den Mund aufsticken und Kleid und Armstulpen anziehen.

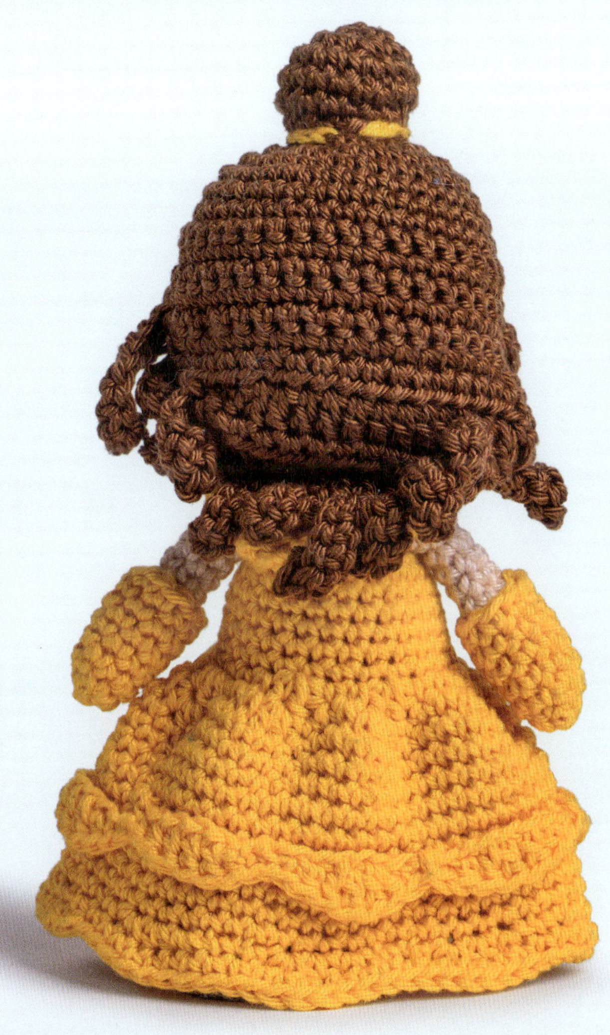

Die Häuptlingstochter

SCHWIERIGKEIT:

MATERIAL

- Garn in den Farben
  - hellbraun (sun-kissed 00437)
  - gelb (honig 00206)
  - beige (sand 00404)
  - braun (teddy 00161)
  - türkis (pfau 00146)
  - dunkelrot (weinrot 00192)
  - schwarz (schwarz 00110)

- 2 schwarze Sicherheitsaugen, ø 10 mm

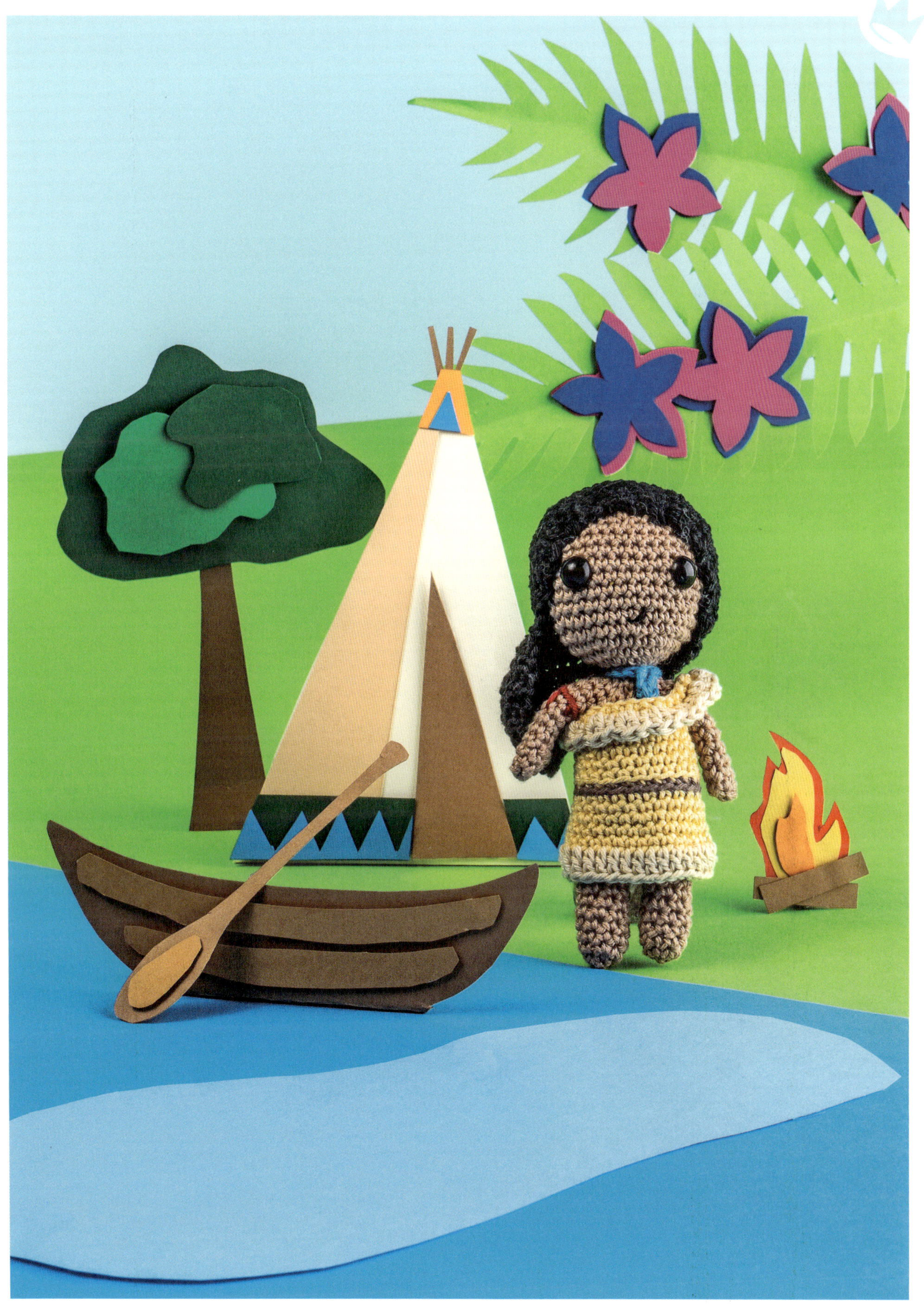

ANLEITUNG

Körper

Den Körper entspr. der Anleitung auf Seite 12/13 in hellbraun häkeln.

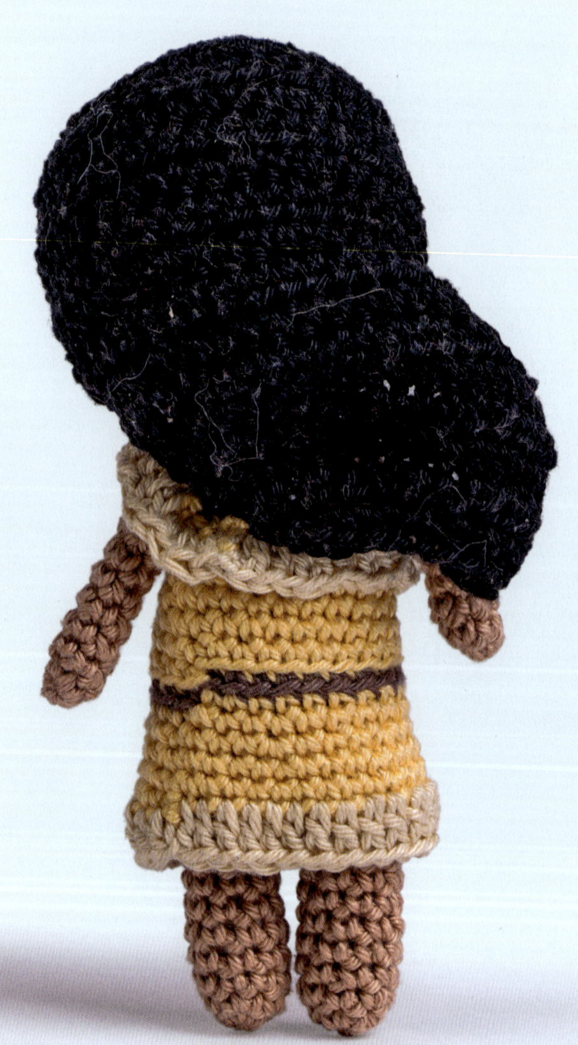

Kleid

In gelb 26 Lm anschl.

1. Rd: mit 1 fM in die erste Lm die Lm-Kette zum Ring schließen, 25 fM entlang der Lm-Kette = 26 M

2. Rd: 1 Km, in beige 1 Lm, weiter ab der gleichen M, in die die Km gehäkelt wurde: ivMg (2 Stb in 1 M, 1 hStb) x13, 1 Km in das erste Stb der Runde. Den Faden abschneiden und durchziehen.

In gelb im ersten hMg der 1. Rd neu anschl. und die nächste Runde nur ihMg der 1. Rd häkeln:

3. Rd: 18 fM, 4 Lm, die nächsten 6 hMg überspringen, 2 fM = 20 M + 4 Lm

4. Rd: 18 fM, 4 fM in die Lm, 2 fM = 24 M

5.–8. Rd: 24 fM (4 Rd)

9. Rd: in braun ihMg 24 Km

10. Rd: in gelb ihMg 24 fM

11. Rd: 24 fM

12. Rd: jede 4. M verd = 30 M

13. und 14. Rd: 30 fM (2 Rd)

15. Rd: 1 Km, in beige 1 Lm, weiter ab der gleichen M, in die die Km gehäkelt wurde: 30 Stb, 1 Km in das erste Stb der Runde.

Den Faden abschneiden und durchziehen. Alle Fäden vernähen.

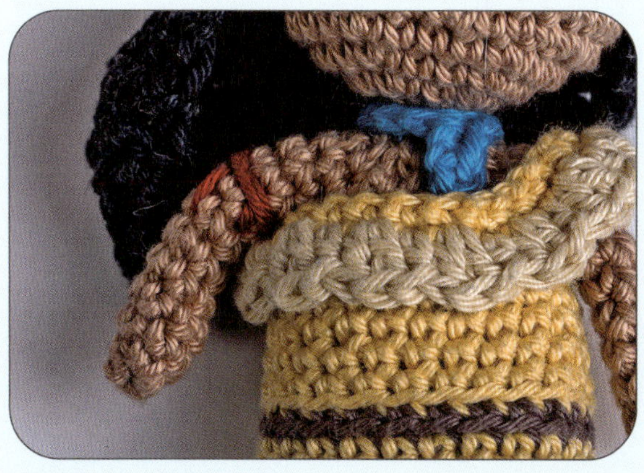

Kette

In türkis 13 Lm anschl.
1. R: 1 Km in die 2. Lm von der Nd aus, 5 Km, 3 Lm, 2 fM in die 2. Lm von der Nd aus, 1 Km, entlang der ursprünglichen Lm-Kette 6 Km
Den Faden abschneiden und durchziehen.

»DER RICHTIGE WEG IST NUN MAL NICHT IMMER DER EINFACHSTE WEG.«

Haare

In schwarz einen Fadenring mit 4 fM anschl. (alternativ: 2 Lm anschl. 4 fM in die 2. Lm von der Nd aus) = 4 M, 1 WL, die Haare in Reihen häkeln:
1. R: jede M verd = 8 M, 1 WL
2. R: (1 hStb, 2 hStb in 1 M) x4 = 12 M, 1 WL
3. R: (2 hStb, 2 hStb in 1 M) x4 = 16 M, 1 WL
4. R: (3 hStb, 2 hStb in 1 M) x4 = 20 M, 1 WL
5. R: (4 hStb, 2 hStb in 1 M) x4 = 24 M, 1 WL
6.–11. R: 24 hStb, 1 WL (6 R)
12. R: (2 hStb in 1 M) x2, 18 hStb, (2 hStb zus) x2 = 24 M, 1 WL
13. R: 24 hStb, 1 WL
14. R: (2 hStb in 1 M) x3, 15 hStb, (2 hStb zus) x3 = 24 M, 1 WL
15. R: 24 hStb, 1 WL
16. R: (3 hStb, 2 hStb zus) x4, (2 hStb zus) x2 = 18 M, 1 WL
17. R: 2 hStb, (1 hStb, 2 hStb zus) x4, (2 hStb zus) x2 = 12 M, 1 WL
18. R: 12 hStb
Den Faden lang abschneiden und durchziehen.

Fertigstellen

Die Haare am Kopf festnähen und in schwarz den Mund aufsticken. In dunkelrot am rechten Arm die Körperbemalung aufsticken. Die Kette am Hals annähen und zum Schluss das Kleid anziehen.

Die Meeresprinzessin

SCHWIERIGKEIT:

MATERIAL

- Garn in den Farben
  - grün (moos 00412)
  - hellgrün (apfel 00205)
  - beige (soft apricot 00263)
  - lila (phlox 00282)
  - rot (kirsche 00424)
  - schwarz (schwarz 00110)

- 2 schwarze Sicherheitsaugen, ø 10 mm

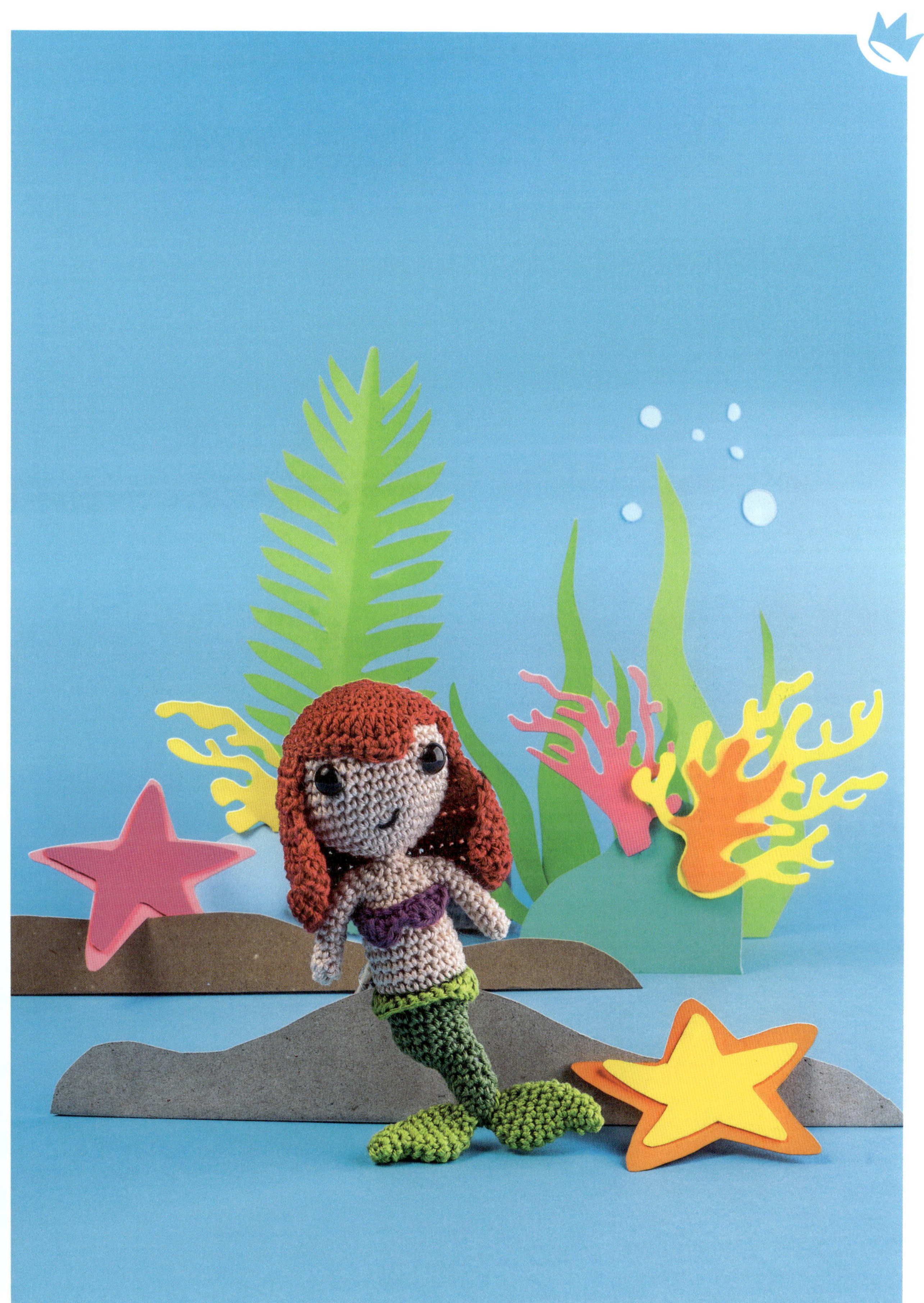

ANLEITUNG

Arme (2x häkeln)

In beige 6 fM in einen Fadenring häkeln (alternativ: 2 Lm und 6 fM in die 2. Lm von der Nd aus) = 6 M

1.–8. Rd: 6 fM (8 Rd)

Den Faden abschneiden und durchziehen.

Optional die Arme leicht ausstopfen.

Körper

In grün einen Fadenring mit 6 fM anschl. (alternativ: 2 Lm anschl. 6 fM in die 2. Lm von der Nd aus) = 6 M

1. und 2. Rd: 6 fM (2 Rd)

3. Rd: 3 M verd, 3 fM = 9 M

4. Rd: 2 fM, 2 M verd, 2 fM, 3 M zus = 9 M

5. Rd: 9 fM

6. Rd: 2 M zus, 1 fM, 1 M verd, 1 M ver3, 1 M verd, 1 fM, 2 M zus = 11 M

7. Rd: 4 fM, 3 M verd, 4 fM = 14 M

8. Rd: 2 M zus, 4 fM, 2 M verd, 4 fM, 2 M zus = 14 M

9. Rd: 1 M verd, 12 fM, 1 M verd = 16 M

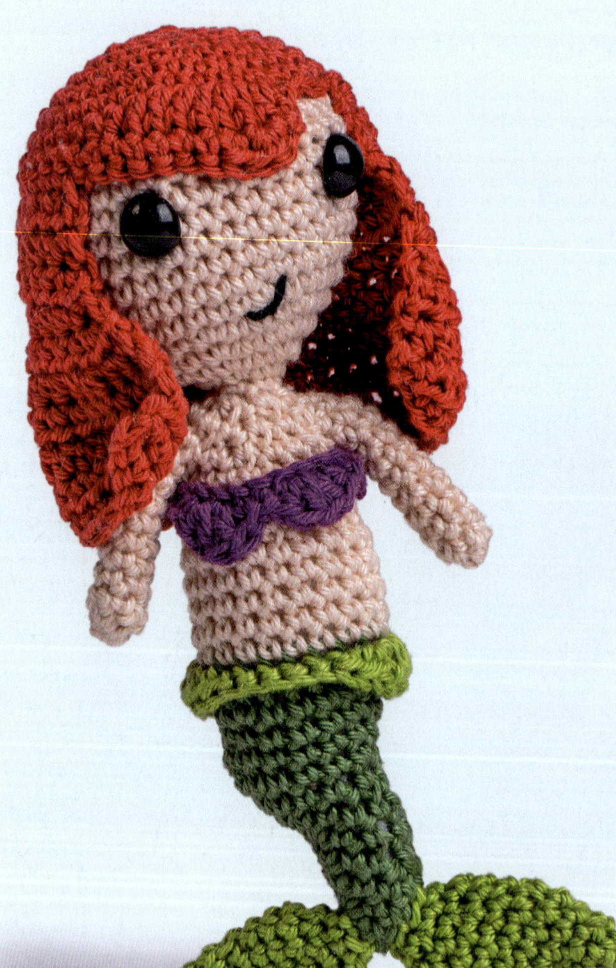

»KINDER MÜSSEN FREI SEIN UM IHR EIGENES LEBEN ZU FÜHREN.«

10. Rd: 16 fM
11. Rd: 2 M verd, 5 fM, (2 M zus) x2, 5 fM = 16 M
12. Rd: jede 4. M verd = 20 M
13. Rd: 20 fM
14. Rd: in hellgrün ivMg (1 hStb, 1 hStb verd, 1 Stb verd, 1 hStb verd, 1 hStb 5 fM) x2
15. Rd: in beige ihMg der 13. Rd 20 fM
16.–19. Rd: 20 fM (4 Rd)
20. Rd: jede 4. und 5. M zus = 16 M
21. Rd: 16 fM
22. Rd: 4 fM, beginnend an einer Masche der 21. Rd. 6 fM über die 6 fM des ersten Ärmels weiterhäkeln, an der nächsten Masche am Körper 8 fM weiterhäkeln, an einer Masche der 22. Rd. des zweiten Arms 6 fM weiterhäkeln, in eine Masche der 22. Rd. 4 fM = 28 M
Den Körper ausstopfen. Für den Hals wie folgt weiterhäkeln:
23. Rd: jede 3. und 4. M zus = 21 M
24. Rd: jede 2. und 3. M zus = 14 M
25. Rd: je 2 M zus = 7 M
Den Körper fertig ausstopfen. Für den Kopf wie folgt weiterhäkeln:
26. Rd: 2 M zus, 5 fM = 6 M
27. Rd: jede M verd = 12 M
28. Rd: jede 2. M verd = 18 M
29. Rd: jede 3. M verd = 24 M
30. Rd: jede 4. M verd = 30 M
31. Rd: (1 fM, 1 M verd, 3 fM) x6 = 36 M
32.–39. Rd: 36 fM (8 Rd)
Die Augen zwischen der 35. und 36. Rd im Abstand von 8 M befestigen.
40. Rd: jede 5. und 6. M zus = 30 M

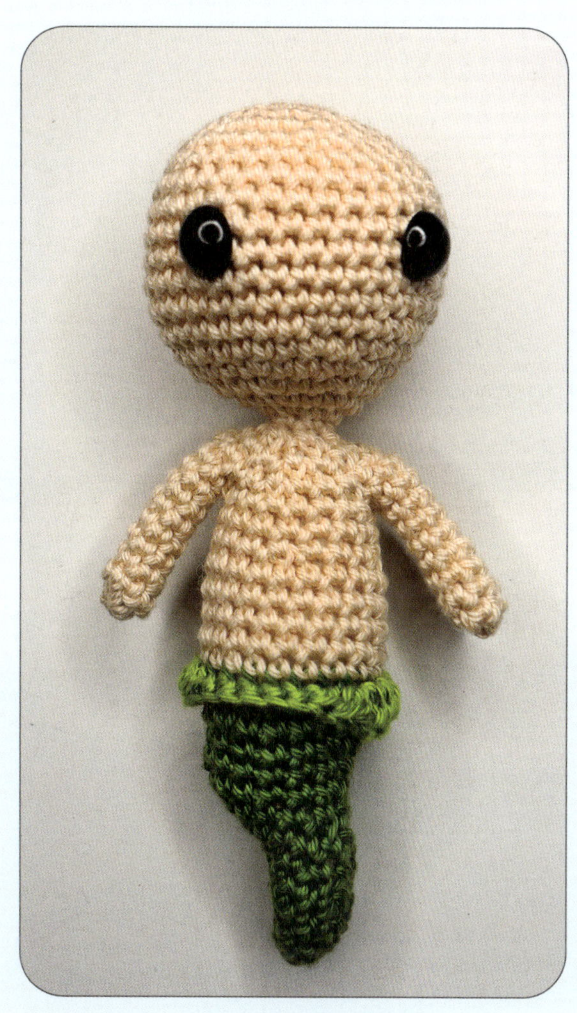

41. Rd: jede 4. und 5. M zus = 24 M
Den Kopf ausstopfen.
42. Rd: jede 3. und 4. M zus = 18 M
43. Rd: jede 2. und 3. M zus = 12 M
44. Rd: je 2 M zus = 6 M
Den Kopf fertig ausstopfen. Anschließend den Faden abschneiden, durchziehen und vernähen.

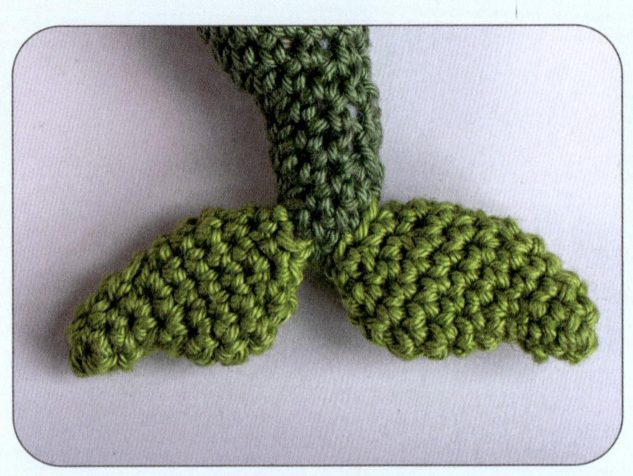

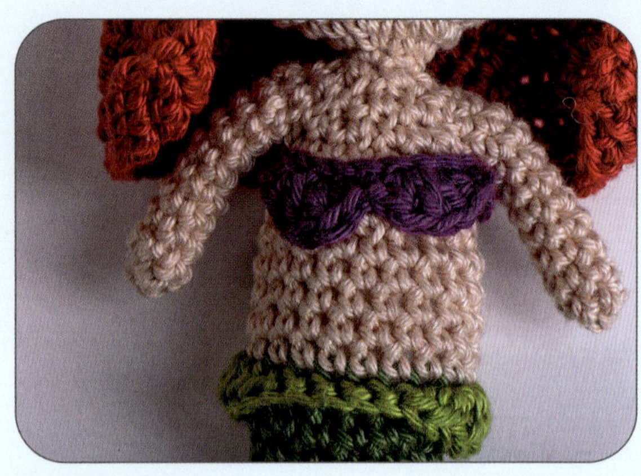

Flossen (2x häkeln)

In hellgrün einen Fadenring mit 5 fM anschl. (alternativ: 2 Lm anschl. 5 fM in die 2. Lm von der Nd aus) = 5 M

1. Rd: 1 M verd, 4 fM = 6 M

2. Rd: 6 fM

3. Rd: 2 M verd, 4 fM= 8 M

4. Rd: 4 M verd, 4 fM= 12 M

5. Rd: 8 fM, (2 M zus) x2 = 10 M

6. Rd: 3 fM, 2 M verd, 5 fM = 12 M

7. und 8. Rd: 12 fM (2 Rd)

9. Rd: jede 2. und 3. M zus = 8 M

10. Rd: jede 3. und 4. M zus = 6 M

Den Faden abschneiden und durchziehen.

Oberteil

In lila 25 Lm anschl.

1. R: 1 Km in die 2. Lm von der Nd aus, 8 Km, (1 hStb, 1 Stb) in 1 Lm, (1 Stb, 1 hStb) in 1 Lm, 2 Km, (1 hStb, 1 Stb) in 1 Lm, (1 Stb, 1 hStb) in 1 Lm, 9 Km

Den Faden abschneiden und durchziehen.

»ICH SEHE NICHT EIN, DASS EINE WELT, DIE SO VIELE WUNDERVOLLE DINGE HAT, SCHLECHT SEIN KANN.«

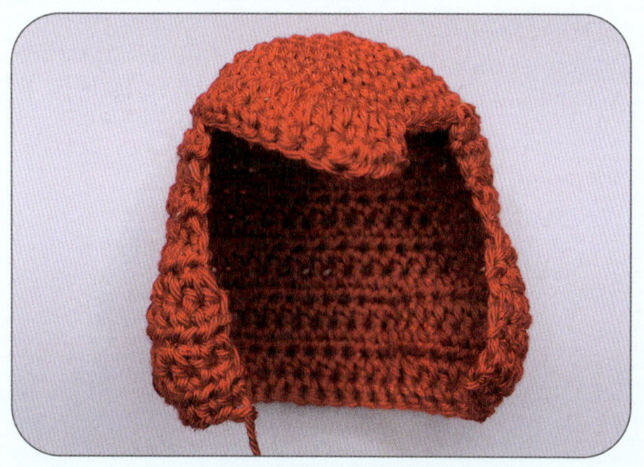

Fertigstellen

Die beiden Flossen seitlich unten am Körper platzieren und annähen. Die Haare am Kopf festnähen und in schwarz den Mund aufsticken. Zuletzt das Oberteil am Körper befestigen.

Haare

In rot einen Fadenring mit 6 fM anschl. (alternativ: 2 Lm anschl. 6 fM in die 2. Lm von der Nd aus) = 6 M
1. Rd: jede M verd = 12 M
2. Rd: jede 2. M verd = 18 M
3. Rd: jede 3. M verd = 24 M
4. Rd: jede 4. M verd = 30 M
5. Rd: (1 fM, 1 M verd, 3 fM) x6 = 36 M
6. Rd: 36 fM
7. Rd: 25 fM, 2 hStb, 2 Stb, 2 Stb verd, 1 Stb, 1 hStb, 1 WL, wenden und die Haare in Reihen fertig häkeln:
1. R: 1 fM, 1 hStb verd, 1 hStb, 32 fM = 36 M, 1 WL
2. R: 25 fM = 25 M, 1 WL
3.–6. R: 25 hStb, 1 WL (4 R)
7. R: 1 hStb verd, 23 hStb, 1 hStb verd = 27 M, 1 WL
8. R: 1 hStb verd, (2 hStb, 1 hStb verd, 2 hStb) x5, 1 hStb verd = 34 M, 1 WL
9. und 10. R: 34 hStb, 1 WL
11. R: 2 hStb, (2 hStb, 2 hStb zus, 2 hStb) x2, 6 hStb, (2 hStb, 2 hStb zus, 2 hStb) x2, 2 hStb = 30 M, 1 WL
12. R: 30 fM
Den Faden lang abschneiden und durchziehen.

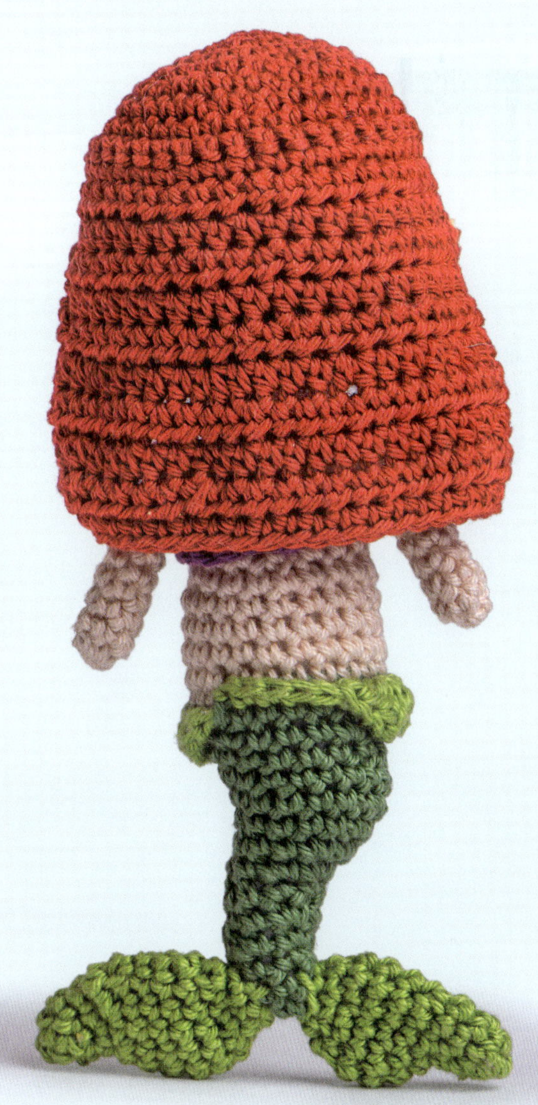

Die Turmprinzessin

SCHWIERIGKEIT:

MATERIAL

- Garn in den Farben
  - beige (soft apricot 00263)
  - helllila (lavendel 00422)
  - rosa (rosa 00246)
  - lila (phlox 00282)
  - hellgelb (honig 00206)
  - schwarz (schwarz 00110)
- 2 schwarze Sicherheitsaugen, ø 10 mm

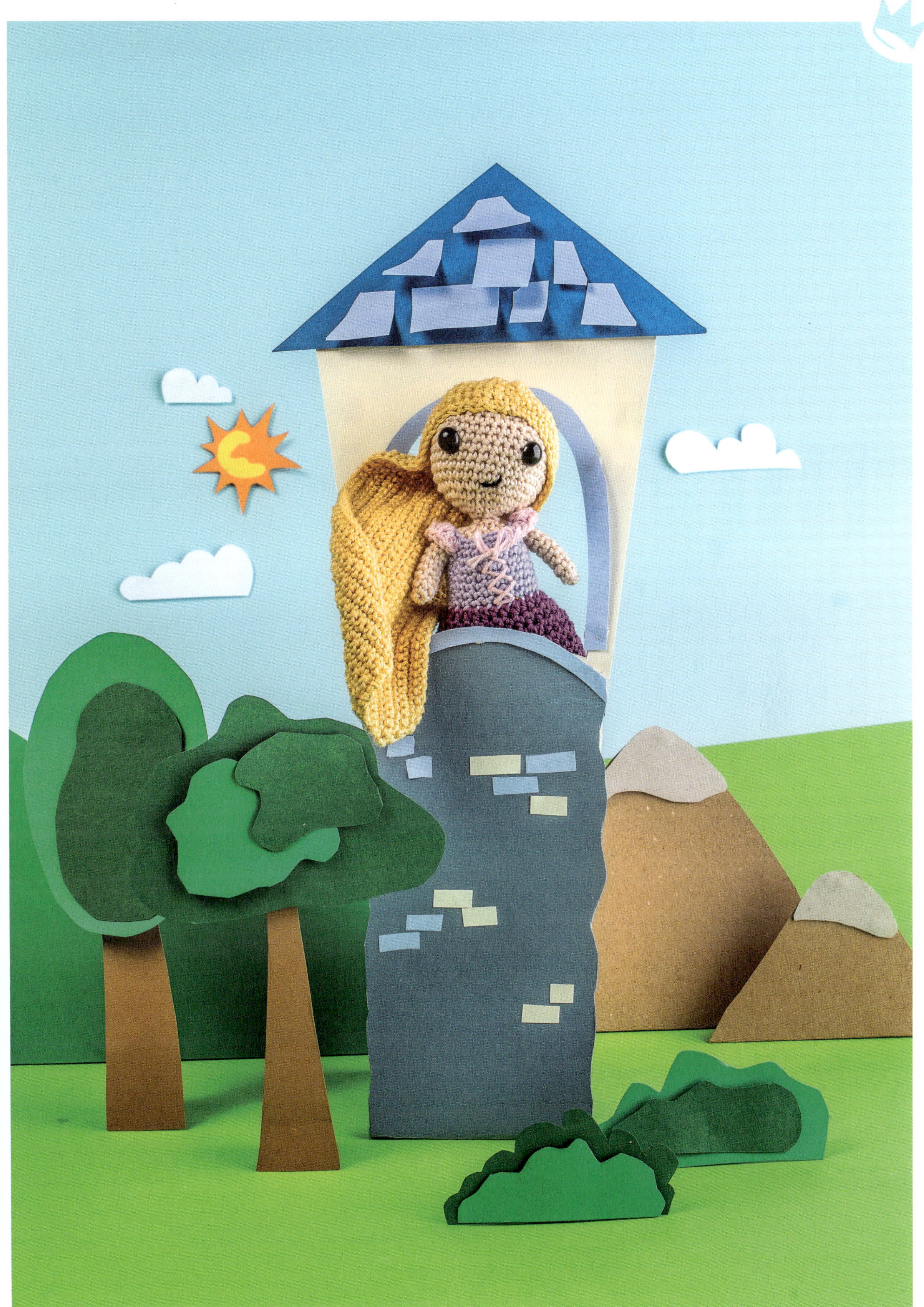

ANLEITUNG

Körper

Den Körper entspr. der Anleitung auf Seite 12/13 in beige häkeln.

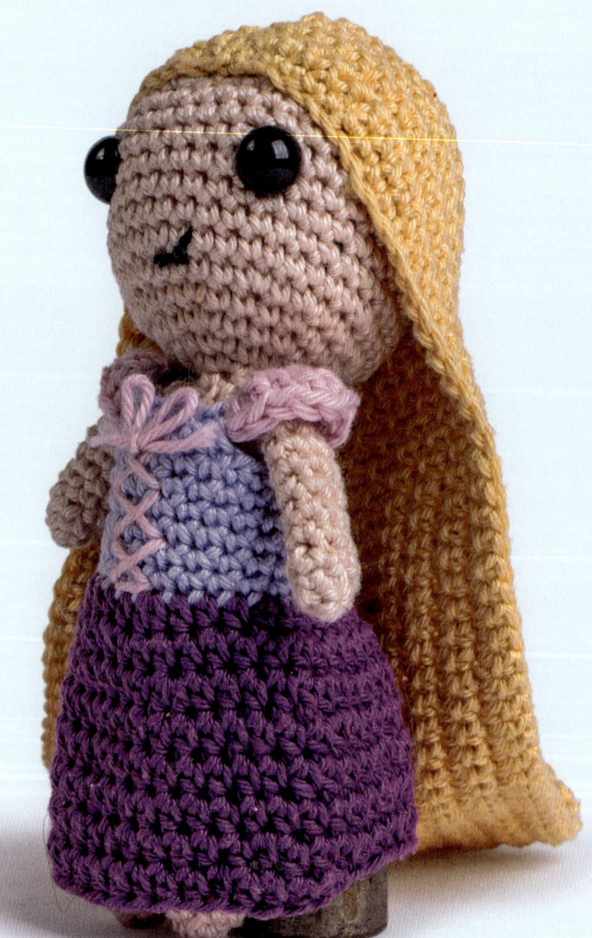

Kleid

In helllila 26 Lm anschl.

1. Rd: mit 1 fM in die erste Lm die Lm-Kette zum Ring schließen, 3 fM, in rosa 1 hStb verd, 1 Stb verd, 1 DStb verd, 1 Stb verd, 1 hStb verd, in helllila 8 fM, in rosa 1 hStb verd, 1 Stb verd, 1 DStb verd, 1 Stb verd, 1 hStb verd, in helllila 4 fM = 36 M

2. Rd: (4 fM, 4 Lm, die nächsten 10 M überspringen, 4 fM) x2 = 16 M + 8 Lm

3. Rd: (4 fM, 4 fM in die Lm, 4 fM) x2 = 24 M

4.–8. Rd: 24 fM (5 Rd)

9. Rd: in lila (3 hStb, 1 hStb verd) x6 = 30 M

10. Rd: 30 hStb

11. Rd: (1 hStb, 1 hStb verd, 3 hStb) x6 = 36 M

12.–16. Rd: 36 hStb (5 Rd)

Den Faden abschneiden und durchziehen. Alle Fäden vernähen.

In rosa auf der Vorderseite des Kleids eine Schnur aufsticken und oben mit einer Schleife befestigen.

»WIE JEDE HABE AUCH ICH EINEN TRAUM.«

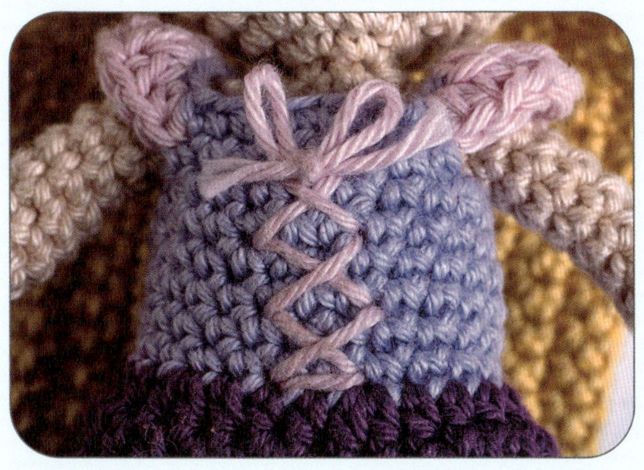

Fertigstellen

Die Haare mit der Rundung am Kopf festnähen und in schwarz den Mund aufsticken.

Haare

In hellgelb 51 Lm anschl., wenden, die Haare in Reihen häkeln:

1. R: 1 fM in die 2. Lm von der Nd aus, 49 fM = 50 M, 1 WL
2.–8. R: 50 fM, 1 WL (7 R)
9. R: 46 fM, (2 M zus) x2 = 48 M, 1 WL
10. R: 2 M zus, 46 fM = 47 M, 1 WL
11. R: 43 fM, (2 M zus) x2 = 45 M, 1 WL
12. R: 2 M zus, 43 fM = 44 M, 1 WL
13. R: 44 fM, 1 WL
14. R: 1 M verd, 43 fM = 45 M, 1 WL
15. R: 43 fM, 2 M verd = 47 M, 1 WL
16. R: 1 M verd, 46 fM = 48 M, 1 WL
17. R: 46 fM, 2 M verd = 50 M, 1 WL
18.–24. R: 50 fM, 1 WL (7 R)
25. R: 50 fM

Den Faden abschneiden und durchziehen. Die Haare längs falten und aufeinanderlegen. Anschließend die kurze Seite mit der Zacke aufeinander nähen, sodass sich eine Rundung formt.

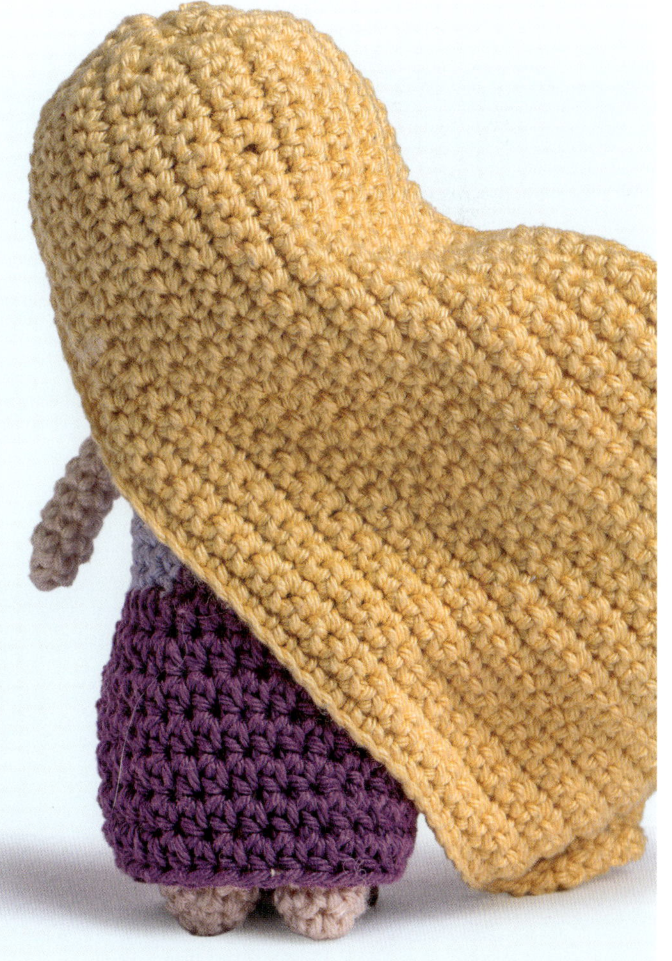

Die Sultanstochter

SCHWIERIGKEIT: ♛ ♛ ♕

MATERIAL

- Garn in den Farben
  - beige (soft apricot 00263)
  - türkis (pfau 00146)
  - hellblau (türkis 00397)
  - gold (gold 00249)
  - schwarz (schwarz 00110)

- 2 schwarze Sicherheitsaugen, ø 10 mm

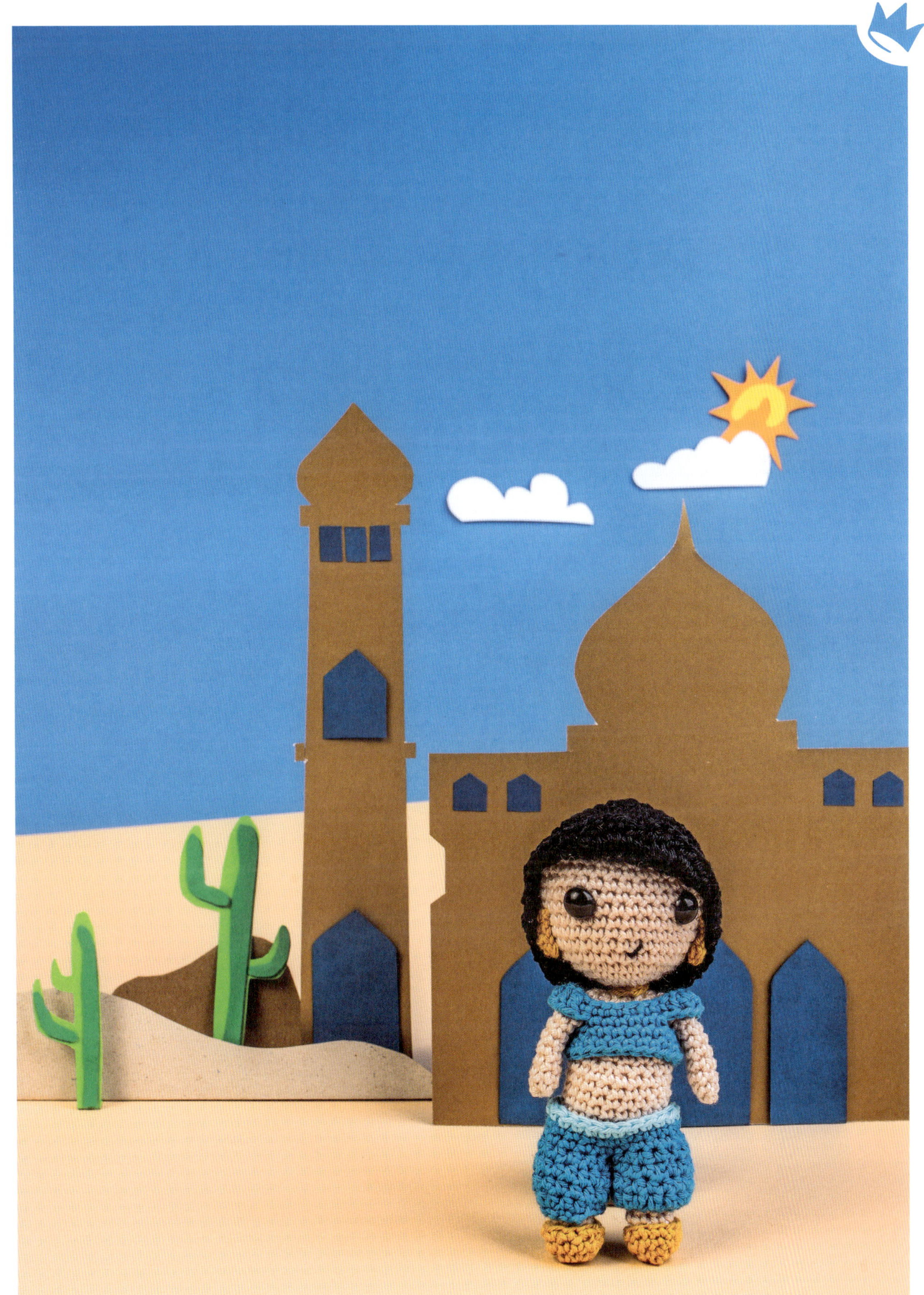

ANLEITUNG

Körper

Den Körper entspr. der Anleitung auf Seite 12/13 in beige häkeln.

Oberteil

In türkis 26 Lm anschl.

1. Rd: mit 1 fM in die erste Lm die Lm-Kette zum Ring schließen, (3 fM, 1 hStb, 2 Stb, 1 Stb verd, 2 Stb, 1 hStb, 3 fM) x2 = 28 M

2. Rd: (3 fM, 6 Lm, die nächsten 8 M überspringen, 3 fM) x2 = 12 M + 12 Lm

3. Rd: (3 fM, 6 fM in die Lm, 3 fM) x2 = 24 M

4. Rd: 24 fM

Den Faden abschneiden und durchziehen. Alle Fäden vernähen.

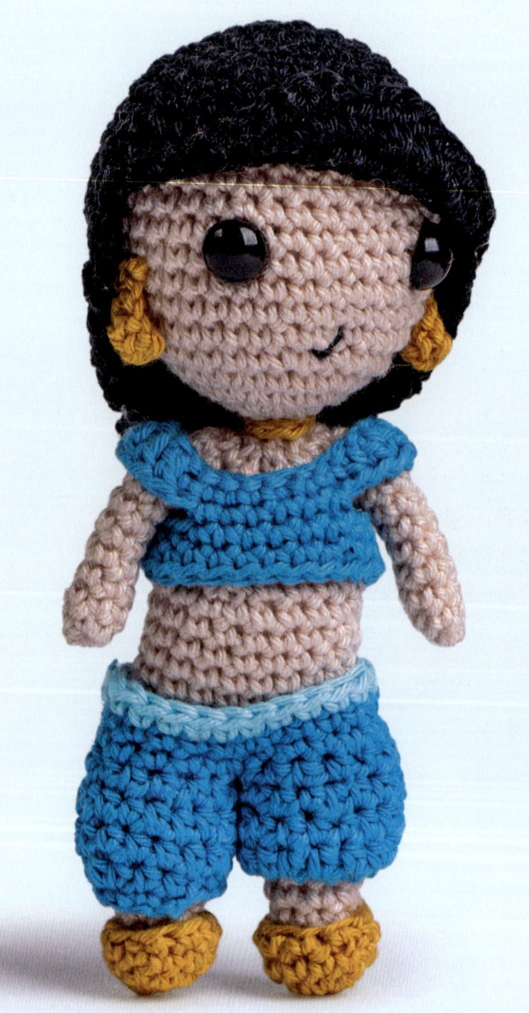

»WIE BEI SO VIELEN DINGEN IST ES DAS INNERE UND NICHT DAS ÄUSSERE, DAS ZÄHLT.«

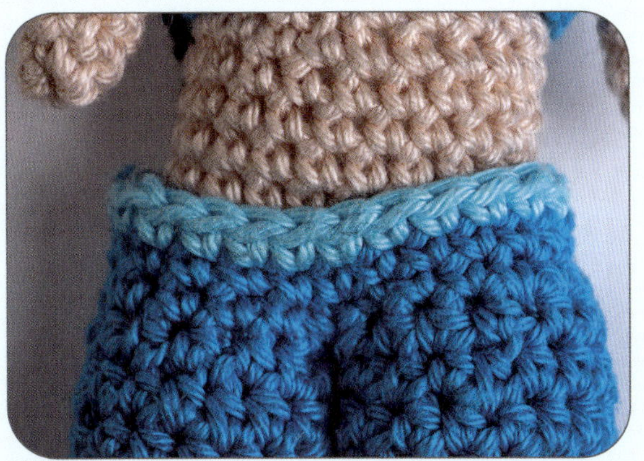

Hose

In türkis 12 Lm anschl.

1. Rd: mit 1 fM in die erste Lm die Lm-Kette zum Ring schließen, 11 fM= 12 M
2. Rd: (2 hStb, 1 hStb verd) x4 = 16 M
3. und 4. Rd: 16 hStb (2 Runden)
5. Rd: (2 hStb, 2 hStb zus) x4 = 12 M
Den Faden abschneiden und durchziehen = erstes Hosenbein. Das zweite Hosenbein wie das erste Hosenbein häkeln, aber den Faden nach der 5. Rd nicht abschneiden, sondern wie folgt weiterhäkeln:
6. Rd: beginnend an einer M des ersten Hosenbeins 12 fM, beginnend an einer M am 2. Hosenbein 12 fM = 24 M
7. Rd: 24 fM
8. Rd: in hellblau 24 fM
Den Faden abschneiden und durchziehen. Alle Fäden vernähen.

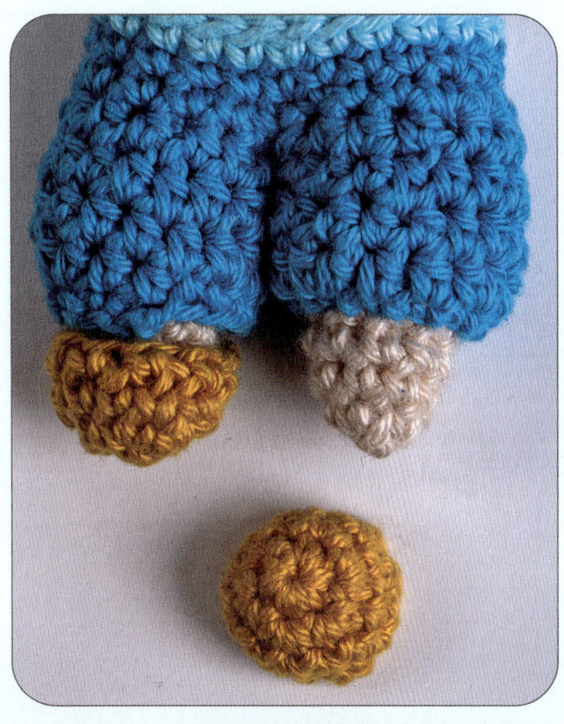

Schuhe (2x häkeln)

In gold einen Fadenring mit 6 fM anschl. (alternativ: 2 Lm anschl. 6 fM in die 2. Lm von der Nd aus) = 6 M
1. Rd: jede M verd = 12 M
2. Rd: 12 fM
3. Rd: jede 3. und 4. M zus = 9 M
Den Faden abschneiden, durchziehen und alle Fäden vernähen.

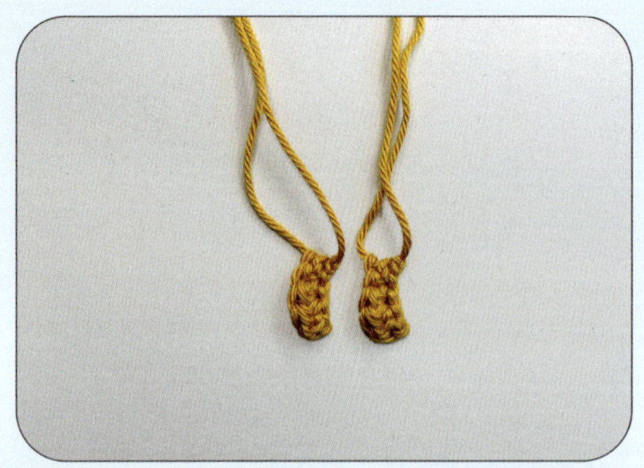

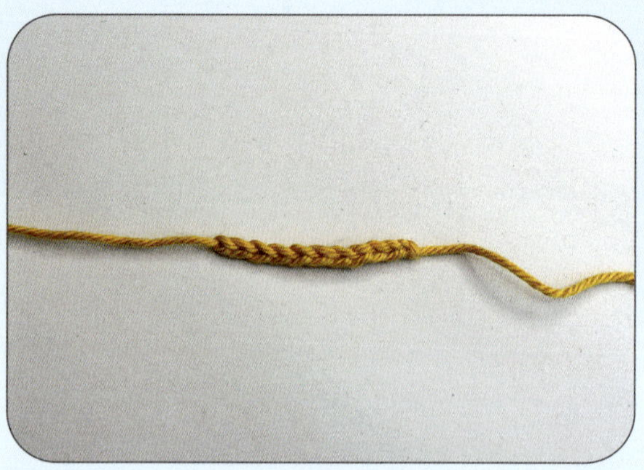

Ohrringe (2x häkeln)

In gold 5 Lm anschl.
1. R: 1 fM in die 2. Lm von der Nd aus, 1 hStb verd, 1 fM, 1 Km = 5 M
Den Faden abschneiden und durchziehen.

Kette

In gold 10 Lm anschl.
Den Faden abschneiden und durchziehen.

»WENN ICH MAL HEIRATE, DANN NUR AUS LIEBE.«

Haare

In schwarz einen Fadenring mit 6 fM anschl. (alternativ: 2 Lm anschl. und 6 fM in die 2. Lm von der Nd aus) = 6 M
1. Rd: jede M verd = 12 M
2. Rd: jede 2. M verd = 18 M
3. Rd: jede 3. M verd = 24 M
4. Rd: jede 4. M verd = 30 M
5. Rd: (1 fM, 1 M verd, 3 fM) x6 = 36 M
6. und 7. Rd: 36 fM (2 Rd)
8. Rd: (2 hStb, 1 hStb verd) x6, 2 hStb, 16 fM = 42 M
9. Rd: 9 hStb, 1 hStb verd, 1 Stb, 1 Stb verd, 2 hStb, 1 Stb verd, 1 Stb, 1 hStb verd, 25 hStb = 46 M
10. Rd: 4 hStb, 1 WL, wenden und die Haare in Reihen fertig häkeln:
1.–3. R: 24 hStb, 1 WL (3 R)
4. R: 2 M zus, 20 hStb, 2 M zus = 22 M, 1 WL
5. R: 2 M zus, 18 hStb, 2 M zus = 20 M, 1 WL
6. R: 20 hStb, 1 WL
7. R: (1 hStb, 2 M zus, 1 hStb) x5 = 15 M, 1 WL
8. R: (2 M zus) x2, 7 fM, (2 M zus) x2 = 11 M, 1 WL
9. R: 2 M zus, 7 fM, 2 M zus = 9 M, 1 WL
10. R: 2 M zus, 2 fM, 2 M zus, 1 fM, 2 M zus = 6 M, 1 WL
11. R: 6 fM, 1 WL
12. R: 1 M verd, 4 fM, 1 M verd = 8 M, 1 WL
13. und 14. R: 8 fM, 1 WL (2 R)
15. R: 2 M zus, 4 fM, 2 M zus = 6 M, 1 WL
16. R: 2 M zus, 2 fM, 2 M zus = 4 M, 1 WL
17. R: (2 M zus) x2 = 2 M, 1 WL
18. R: 2 fM, 1 WL
19. R: 2 M zus = 1 M, 1 WL
20. R: 1 fM
Den Faden lang abschneiden und durchziehen.

Fertigstellen

Die Haare am Kopf festnähen, dabei um das Gesicht herum jeweils ein wenig hinter der letzten Runde befestigen, sodass noch ein Stück absteht. In schwarz den Mund aufsticken. Die Ohrringe seitlich vom Gesicht nah am Haaransatz annähen und die Kette am Hals befestigen. Zuletzt Oberteil, Hose und Schuhe anziehen.

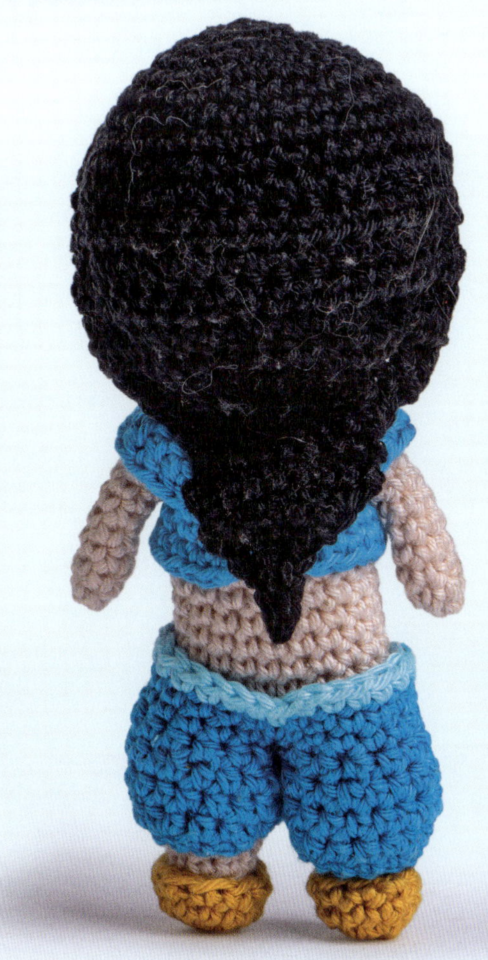

Die Feenprinzessin

SCHWIERIGKEIT:

MATERIAL

- Garn in den Farben
  - beige (soft apricot 00263)
  - hellgrün (apfel 00205)
  - gelb (sonne 00208)
  - weiß (natur 00105)
  - schwarz (schwarz 00110)

- 2 schwarze Sicherheitsaugen, ø 10 mm

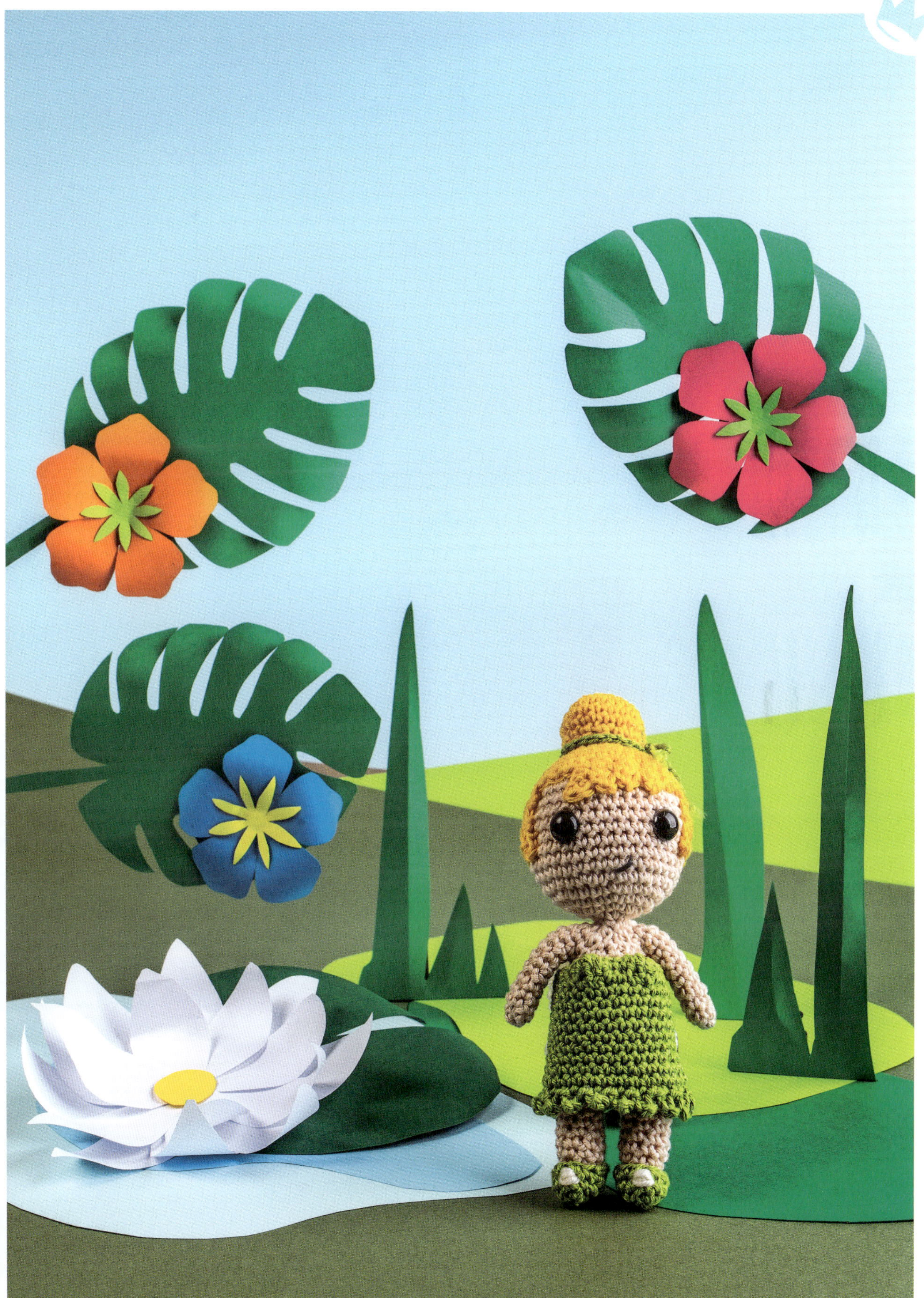

ANLEITUNG

Körper

Den Körper entspr. der Anleitung auf Seite 12/13 in beige häkeln.

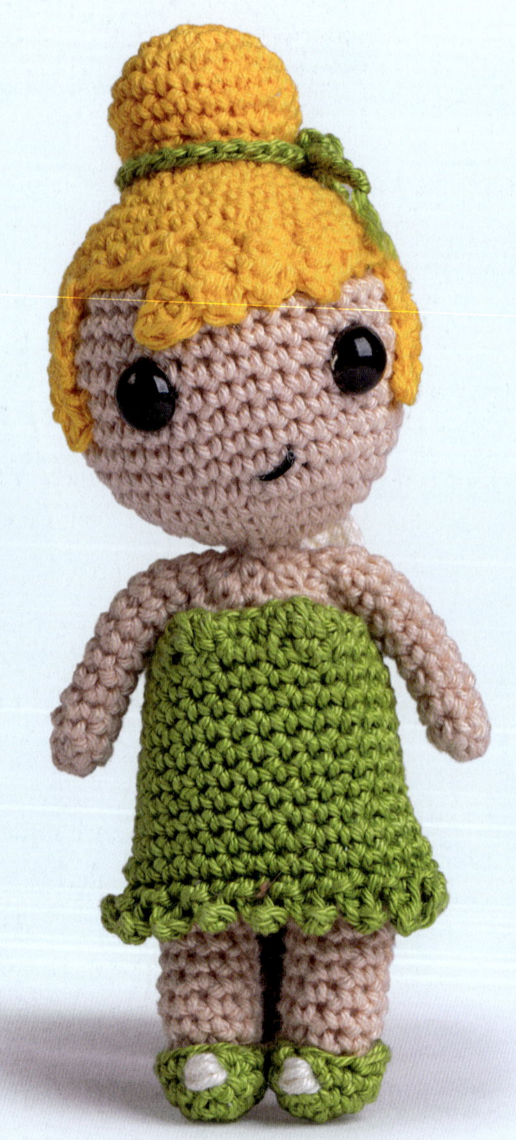

Kleid

In hellgrün 26 Lm anschl.

1. Rd: mit 1 fM in die erste Lm die Lm-Kette zum Ring schließen, 9 fM, (1 hStb, 1 Stb) in 1 M, (1 Stb, 1 hStb) in 1 M, 2 fM, (1 hStb, 1 Stb) in 1 M, (1 Stb, 1 hStb) in 1 M, 10 fM = 30 M

2. Rd: 10 fM, (2 M zus) x2, 2 fM, (2 M zus) x2, 10 fM = 26 M

3.–8. Rd: 26 fM (6 Rd)

9. Rd: (6 fM, 1 M verd, 6 fM) x2 = 28 M

10. Rd: (3 fM, 1 M verd, 3 fM) x4 = 32 M

11. Rd: 32 fM

12. Rd: (1 Km, 3 Lm, 1 Km in die 2. Lm von der Nd aus, 1 fM, 1 Km in die nächste M am Kleid) x14

Den Faden abschneiden und alle Fäden vernähen.

»LACHEN IST ZEITLOS, PHANTASIE HAT KEIN ALTER, TRÄUME SIND FÜR IMMER.«

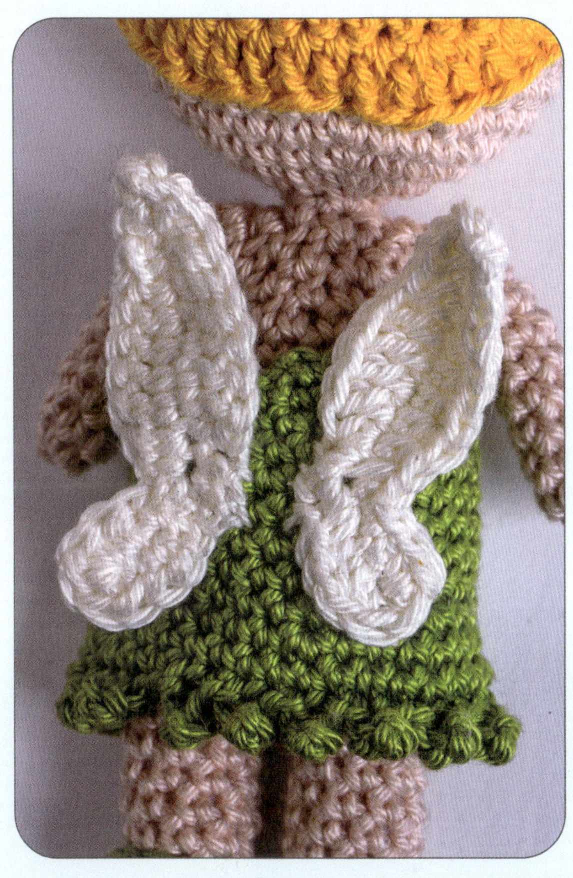

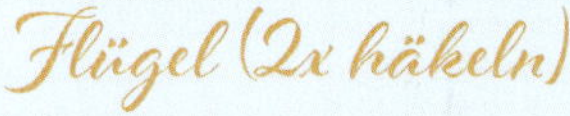

Flügel (2x häkeln)

In weiß 16 Lm anschl.
1. R: 1 Km in die 2. Lm von der Nd aus, 2 fM, 2 hStb, 4 Stb, 1 hStb, 1 M ver3, 1 fM, 2 hStb 1 hStb verd, an der anderen Seite der Lm-Kette weiterhäkeln:
1 hStb verd, 1 fM, 1 Km, 1 fM, 1 hStb, 4 Stb, 2 hStb, 2 fM, 1 Km
Den Faden lang abschneiden.
Die beiden Flügel hinten am Kleid annähen und alle Fäden vernähen.

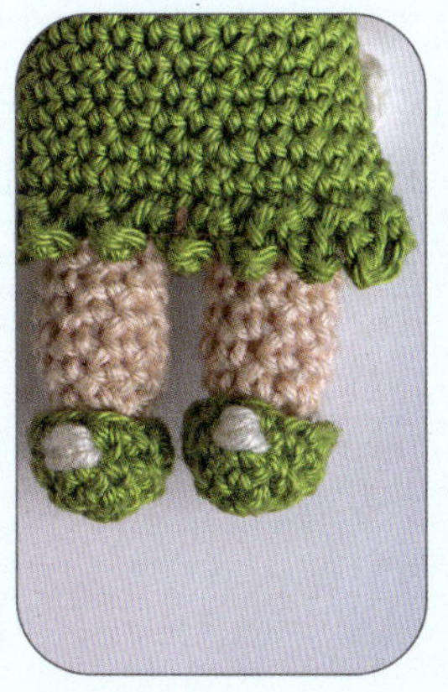

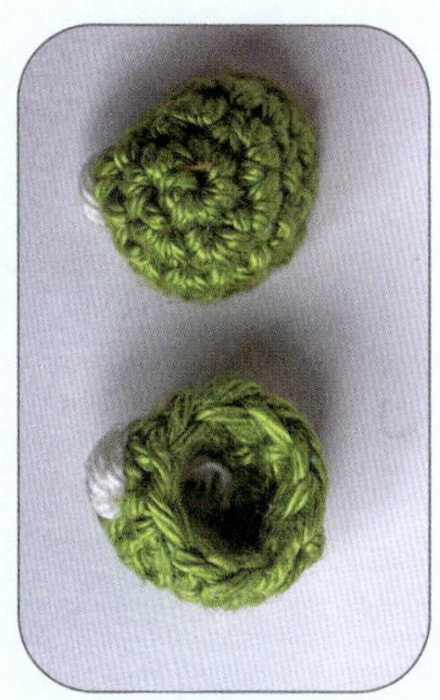

Schuhe (2x häkeln)

In hellgrün einen Fadenring mit 6 fM anschl. (alternativ: 2 Lm anschl. 6 fM in die 2. Lm von der Nd aus) = 6 M
1. Rd: jede M verd = 12 M
2. Rd: 12 fM
3. Rd: jede 3. und 4. M zus = 9 M
Den Faden abschneiden, durchziehen und alle Fäden vernähen.
In weiß auf jeden Schuh einen Punkt aufsticken und die Fäden ebenfalls vernähen.

Haare

In gelb einen Fadenring mit 6 fM anschl. (alternativ: 2 Lm anschl. 6 fM in die 2. Lm von der Nd aus) = 6 M

1. Rd: jede M verd = 12 M

2. Rd: jede 2. M verd = 18 M

3. Rd: jede 6. M verd = 21 M

4. und 5. Rd: 21 fM (2 Rd)

6. Rd: (1 fM, 2 M zus, 2 fM, 2 M zus) x3 = 15 M

7. Rd: 15 fM

8. Rd: jede 3. M verd = 20 M

9. Rd: jede 4. M verd = 25 M

10. Rd: (1 fM, 1 M verd, 3 fM) x5 = 30 M

11. Rd: jede 5. M verd = 36 M

12. Rd: 36 fM

13. Rd: 10 fM, 2 hStb, 5 Lm, 1 fM in die 2. Lm von der Nd aus, entlang der Lm-Kette: 1 fM 1 hStb, 1 fM, 1 fM in die nächste M der Runde, 1 WL, wenden und in Reihen weiterhäkeln:

1. R: 3 fM, 1 WL

2. R: 2 M zus, 1 fM, 1 hStb in die nächste M der Runde, 1 fM, 1 WL

3. R: 3 fM, 1 WL

4. R: 2 M zus, 1 fM, 1 fM in die nächste M der Runde, 1 WL

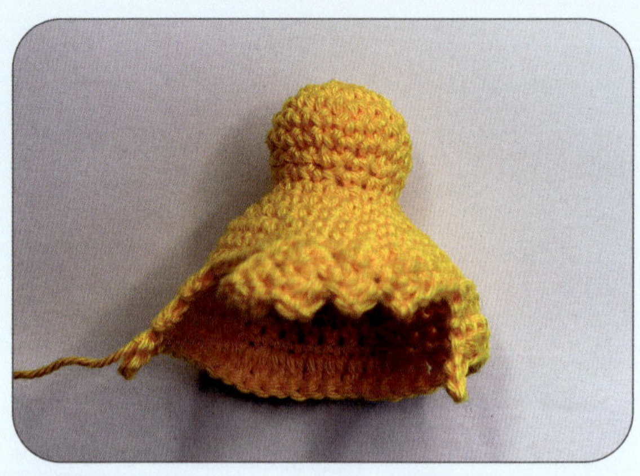

5. R: 2 fM, 1 WL

6. R: 2 M zus, weiter entlang der Runde: 2 Stb, 2 hStb, 24 fM, 1 WL

7. und 8. R: 25 fM, 1 WL (2 R)

9. R: 25 fM, 3 Lm, 1 Km in die 2. Lm von der Nd aus, 1 fM, 1 WL

10. R: 2 M zus, 3 fM, 2 hStb, 2 Stb, 1 Stb verd, 5 Stb, 1 Stb verd, 2 Stb, 2 hStb, 3 fM, 2 M zus, 3 Lm, 1 Km in die 2. Lm von der Nd aus, 1 fM, 1 Km in die letzte M der Reihe

Den Faden lang abschneiden und durchziehen. Den Dutt ausstopfen.

»MÖCHTEST DU GLEICH EIN ABENTEUER ERLEBEN ODER LIEBER ERST TEE TRINKEN?«

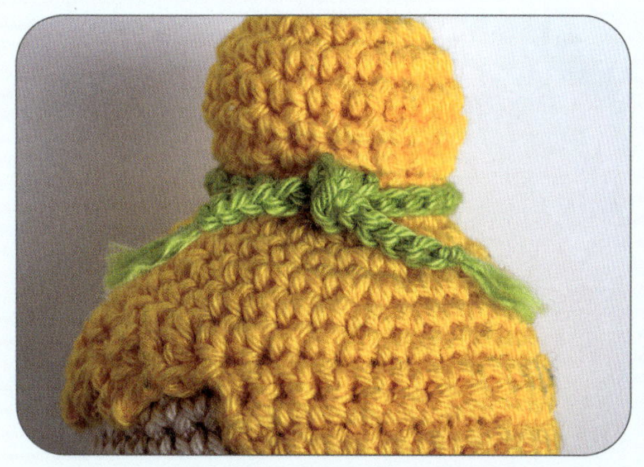

Fertigstellen

Den Mund in schwarz aufsticken. Die Haare am Kopf positionieren und annähen, das Haarband um den Dutt binden und festknoten. Kleid und Schuhe anziehen.

Haarband

In hellgrün 40 Lm anschl.
End- und Anfangsfaden kurz abschneiden und leicht aufdröseln.

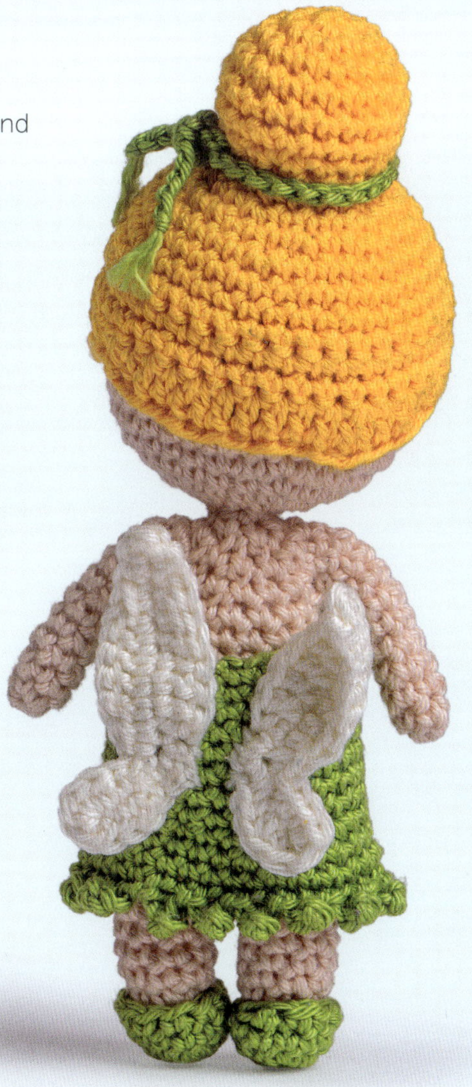

Die Eisprinzessin

SCHWIERIGKEIT:

MATERIAL

- Garn in den Farben
  - beige (soft apricot 00263)
  - türkis (türkis 00397)
  - minzgrün (mint 00385)
  - hellgelb (vanille 00403)
  - schwarz (schwarz 00110)
- 2 schwarze Sicherheitsaugen, ø 10 mm

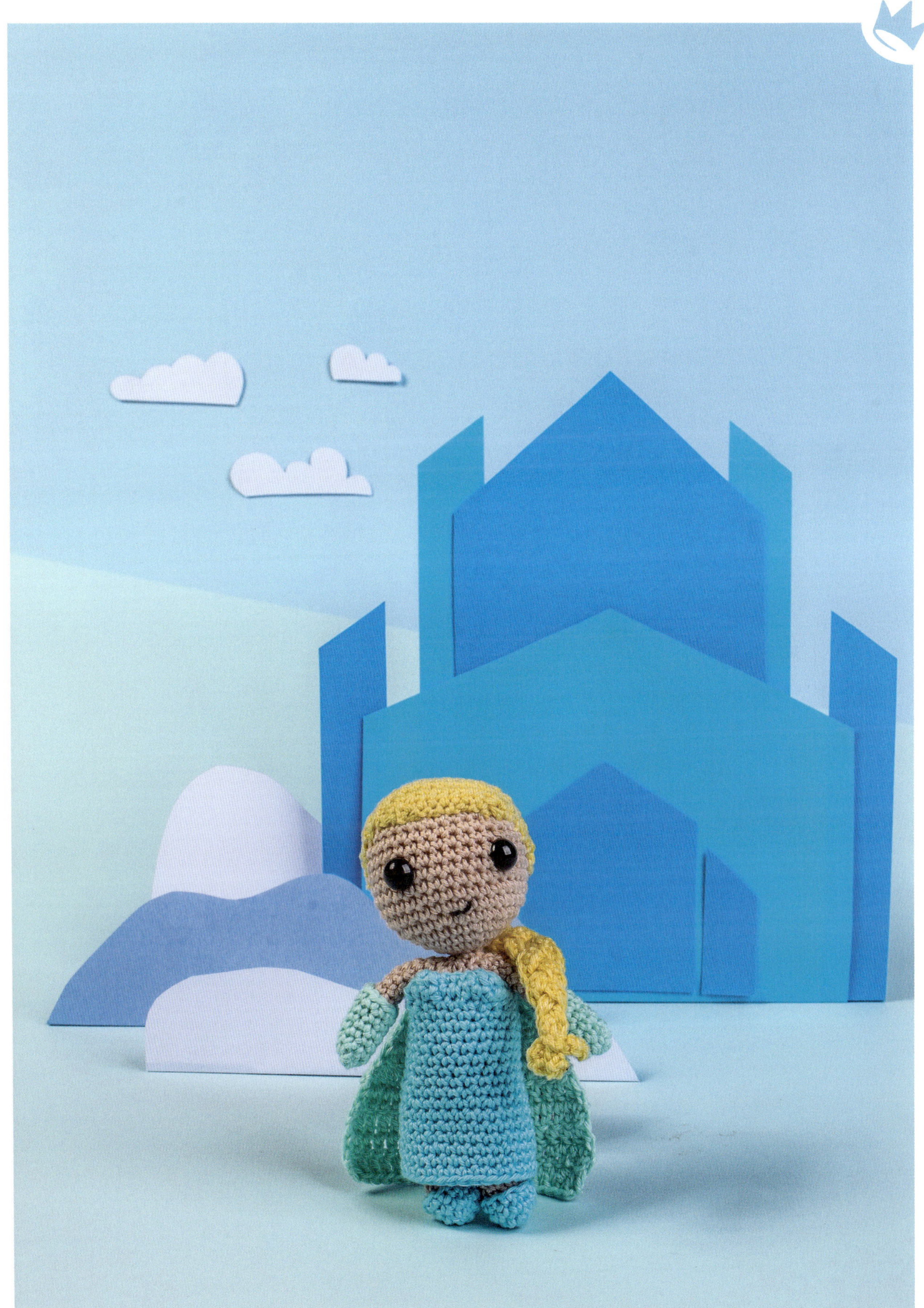

ANLEITUNG

Körper

Den Körper entspr. der Anleitung auf Seite 12/13 in beige häkeln.

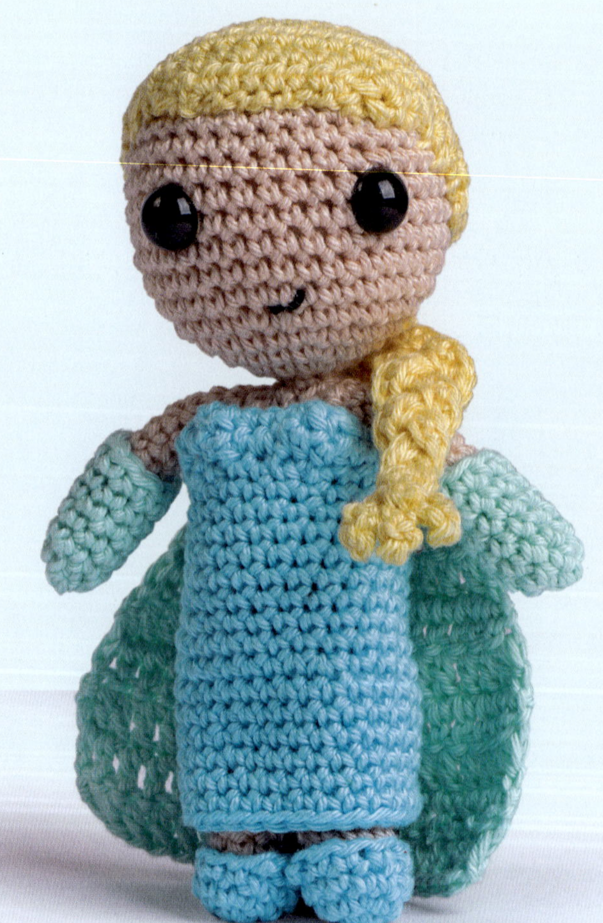

Kleid

In türkis 22 Lm anschl.

1. Rd: mit 1 fM in die erste Lm die Lm-Kette zum Ring schließen, 7 fM, (1 hStb, 1 Stb) in 1 M, (1 Stb, 1 hStb) in 1 M, 2 fM, (1 hStb, 1 Stb) in 1 M, (1 Stb, 1 hStb) in 1 M, 8 fM = 26 M

2. Rd: 8 fM, 4 hStb, 2 fM, 4 hStb, 8 fM = 26 M

3. Rd: 8 fM, (2 M zus) x2, 2 fM, (2 M zus) x2, 8 fM = 22 M

4.–9. Rd: 22 fM (6 Rd)

10. Rd: jede 11. M verd = 24 M

11. Rd: 24 fM

12. Rd: jede 6. M verd = 28 M

13.–18. Rd: 28 fM (6 Rd)

Den Faden abschneiden und alle Fäden vernähen.

»DAS HERZ LÄSST SICH NICHT SO LEICHT BEEINFLUSSEN, DER KOPF DAGEGEN IST LEICHT ZU ÜBERZEUGEN.«

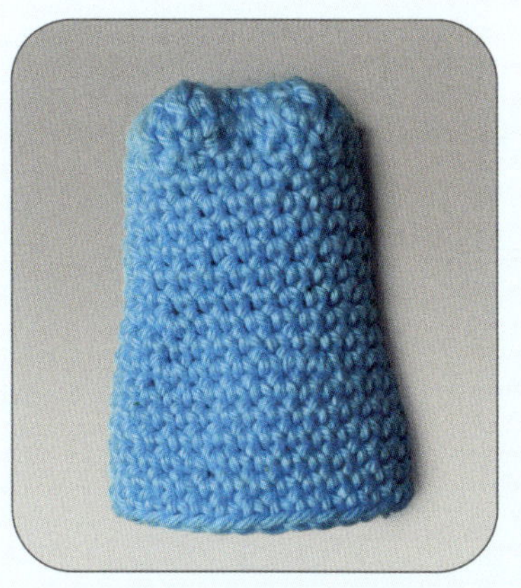

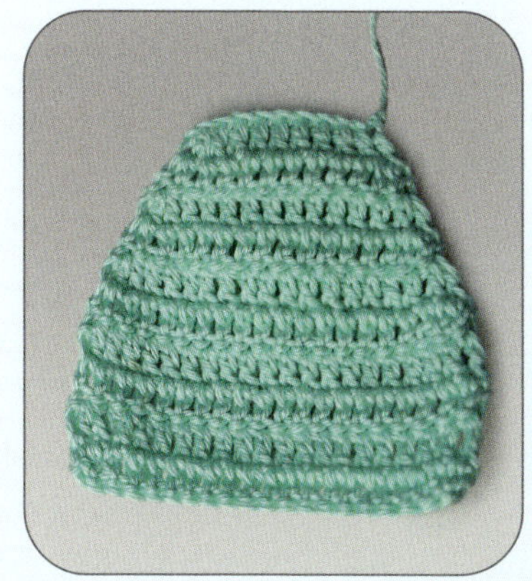

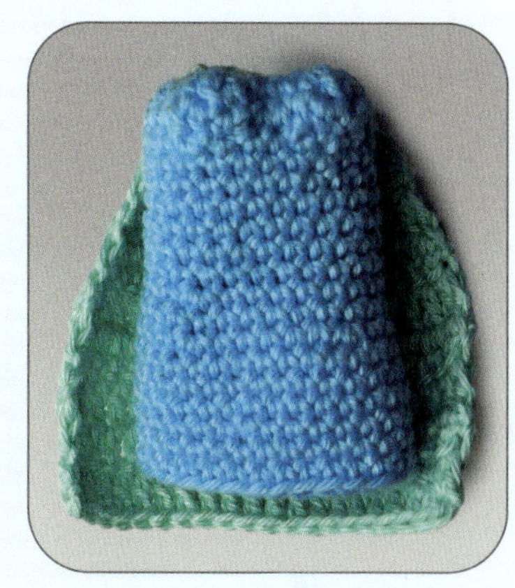

Umhang

In minzgrün 11 Lm anschl.

1. R: 1 Stb in die 2. Lm von der Nd aus, 9 Stb = 10 M, 1 WL

2. R: 1 Stb verd, 8 Stb, 1 Stb verd = 12 M, 1 WL

3. R: 1 Stb verd, 10 Stb, 1 Stb verd = 14 M, 1 WL

4. R: 1 Stb verd, 12 Stb, 1 Stb verd = 16 M, 1 WL

5. R: 1 Stb verd, 14 Stb, 1 Stb verd = 18 M, 1 WL

6. R: 1 Stb verd, 16 Stb, 1 Stb verd = 20 M, 1 WL

7.–9. R: 20 Stb, 1 WL (3 R)

10. R: 20 Stb

Den Endfaden abschneiden und vernähen. Mit dem Anfangsfaden den Umhang am Kleid befestigen.

Armstulpen (2x häkeln)

In minzgrün einen Fadenring mit 6 fM anschl. (alternativ: 2 Lm anschl. 6 fM in die 2. Lm von der Nd aus) = 6 M

1. Rd: jede 2. M verd = 9 M

2.–6. Rd: 9 fM (5 Rd)

Den Faden abschneiden und durchziehen. Alle Fäden vernähen.

»MANCHE MENSCHEN SIND ES WERT, DASS MAN FÜR SIE SCHMILZT.«

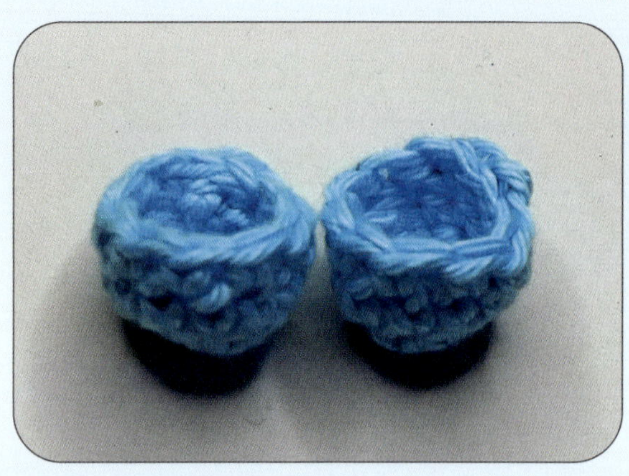

Schuhe (2x häkeln)

In türkis einen Fadenring mit 6 fM anschl. (alternativ: 2 Lm anschl. 6 fM in die 2. Lm von der Nd aus) = 6 M
1. Rd: jede M verd = 12 M
2. Rd: 12 fM
3. Rd: jede 3. und 4. M zus = 9 M
Den Faden abschneiden und durchziehen. Alle Fäden vernähen.

Haare

In hellgelb 9 Lm anschl.
1. R: 2 hStb in die 2. Lm von der Nd aus, 6 hStb, 1 hStb verd = 10 M, 1 WL
2. R: 1 hStb verd, 8 hStb, 1 hStb verd = 12 M, 1 WL
3. R: 12 hStb, 1 WL
4. R: 1 hStb verd, 10 hStb, 1 hStb verd = 14 M, 1 WL
5. R: 1 hStb verd, 12 hStb, 1 hStb verd = 16 M, 1 WL
6. R: 16 hStb, 1 WL
7. R: 1 hStb verd, 14 hStb, 1 hStb verd = 18 M, 1 WL
8. und 9. R: 18 hStb, 1 WL (2 R)
10. R: 2 hStb zus, 14 hStb, 2 hStb zus = 16 M, 1 WL
11. R: 2 hStb zus, 4 hStb, (2 M zus) x2, 4 hStb, 2 hStb zus = 12 M, 1 WL
12. R: 2 hStb zus, 8 hStb, 2 hStb zus = 10 M, 1 WL

»ICH BIN ALLEIN, ALLEIN DOCH ICH BIN FREI.«

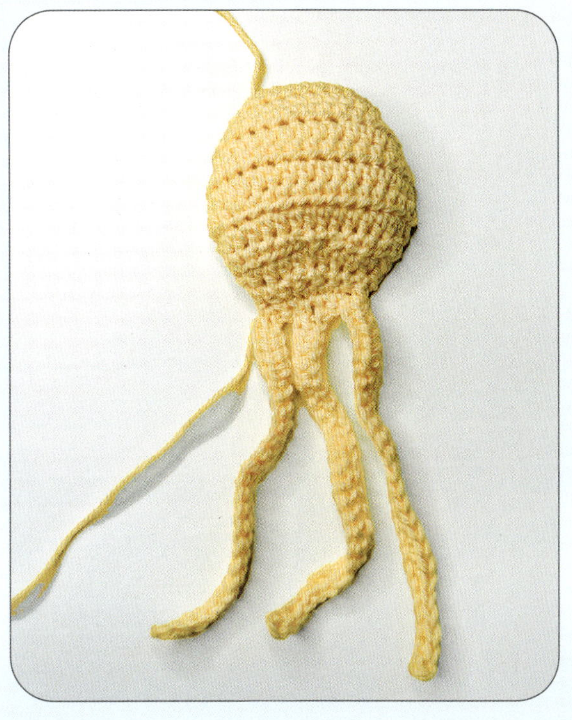

Fertigstellen

Die Haare annähen und in schwarz den Mund aufsticken. Kleid, Armstulpen und Schuhe anziehen.

13. R: 3 fM, (2 M zus) x2, 3 fM = 8 M, 1 WL
14. R: 2 M zus, 4 fM, 2 M zus = 6 M
15. R: (26 Lm, 1 Km in die 2. Lm von der Nd aus, entlang der Lm-Kette: 4 Km, 15 fM 5 hStb, weiter in die nächsten M der Reihe: 3 fM) x2, 26 Lm, 1 Km in die 2. Lm von der Nd aus, entlang der Lm-Kette: 4 Km, 15 fM, 5 hStb, 1 Km in die letzte M der Reihe
Den Faden lang abschneiden.
Die 3 Strähnen verflechten, am Ende alle Strähnen über einander legen, mit der Häkelnadel durchstechen und in hellgelb neu anschl.
(4 Lm, 1 Km in die 2. Lm von der Nd aus, 2 fM, 1 Km durch alle 3 Strähnen) x3
Den Faden abschneiden und alle Fäden vernähen.

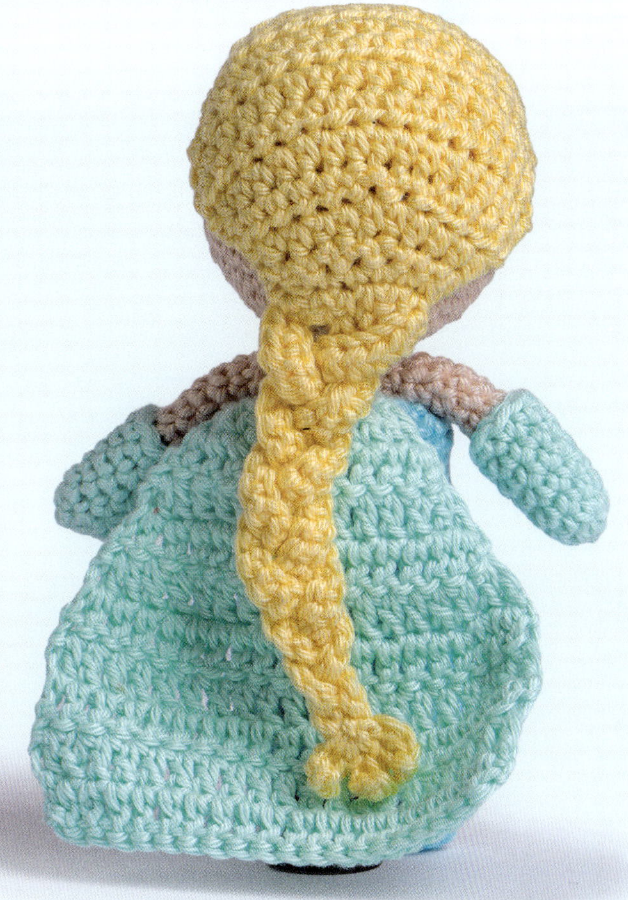

Die Ballprinzessin

SCHWIERIGKEIT:

MATERIAL

- Garn in den Farben
  - beige (soft apricot 00263)
  - blau (denim 00421)
  - hellblau (türkis 00397)
  - gelb (sonne 00208)
  - weiß (natur 00105)
  - schwarz (schwarz 00110)

- 2 schwarze Sicherheitsaugen, ø 10 mm

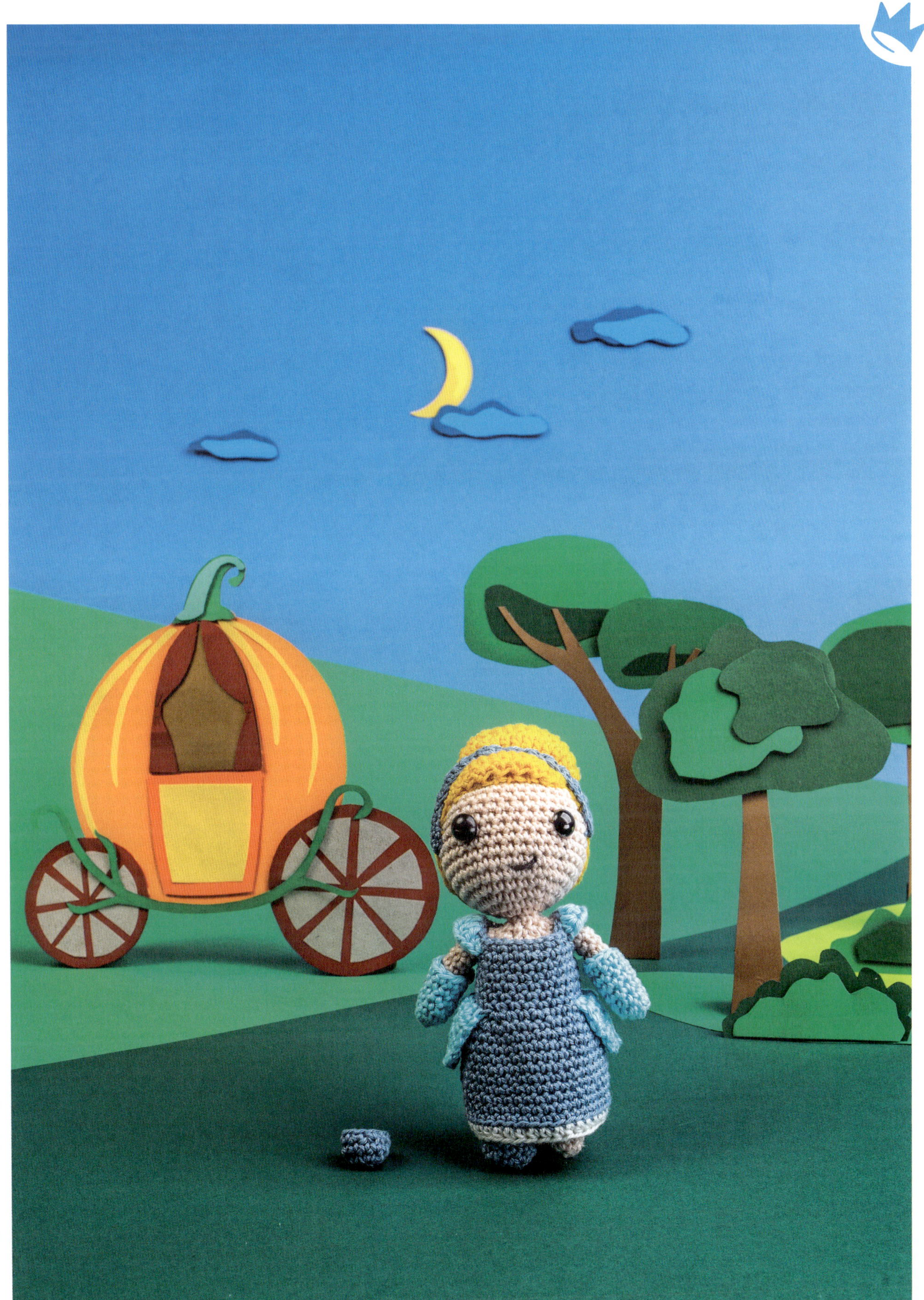

ANLEITUNG

Körper

Den Körper entspr. der Anleitung auf Seite 12/13 in beige häkeln.

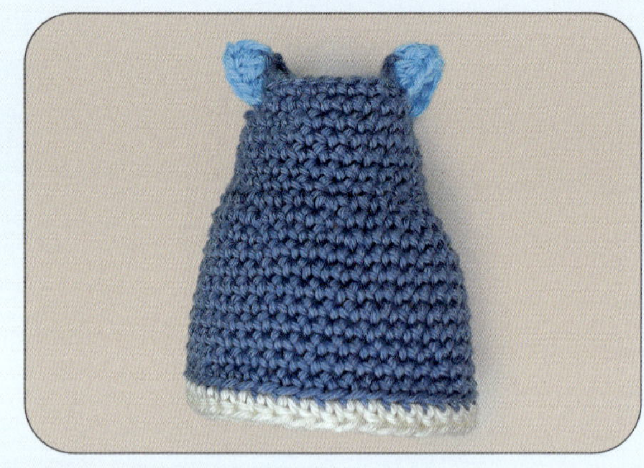

Kleid

In blau 26 Lm anschl.

1. Rd: mit 1 fM in die erste Lm die Lm-Kette zum Ring schließen, 2 fM, in hellblau 1 hStb verd, (1 Stb verd) x3, 1 hStb verd, in blau 10 fM, in hellblau 1 hStb verd (1 Stb verd) x3, 1 hStb verd, in blau 3 fM = 36 M

2. Rd: 3 fM, 4 Lm, die nächsten 10 M überspringen, 10 fM, 4 Lm, die nächsten 10 M überspringen, 3 fM = 16 M + 8 Lm

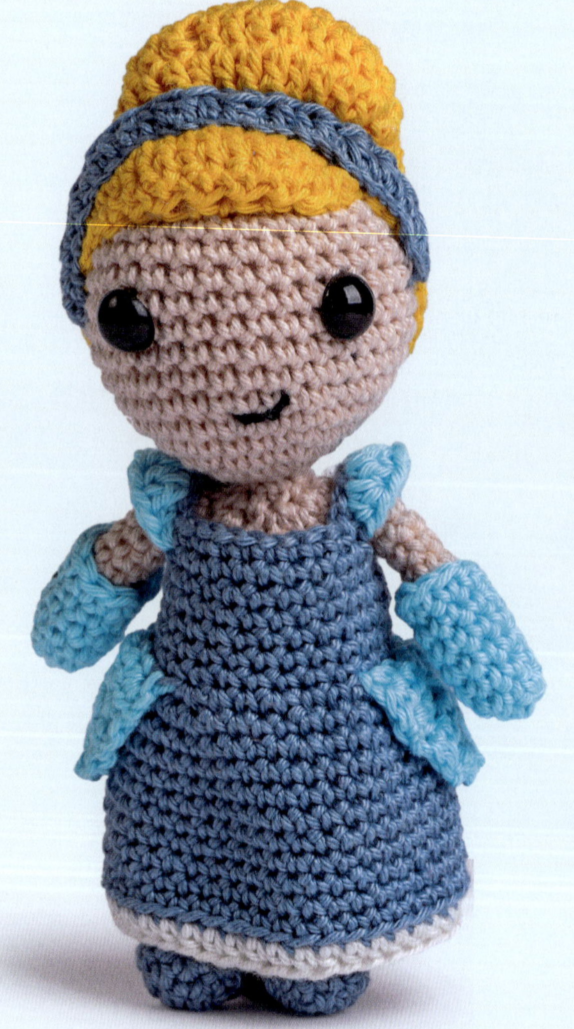

»WO FREUNDLICHKEIT HERRSCHT, GIBT ES GÜTE, UND WO ES GÜTE GIBT, DA IST AUCH MAGIE.«

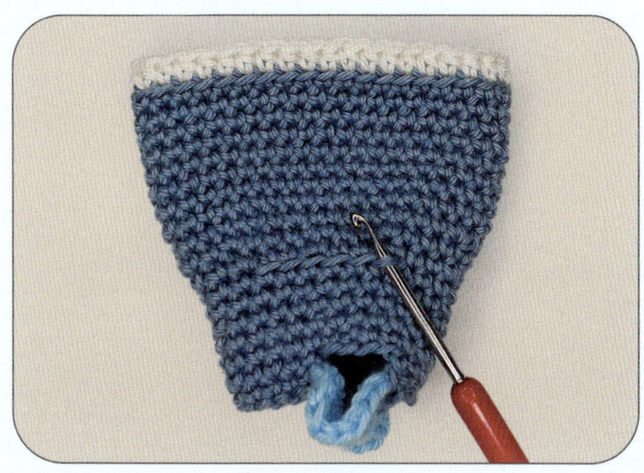

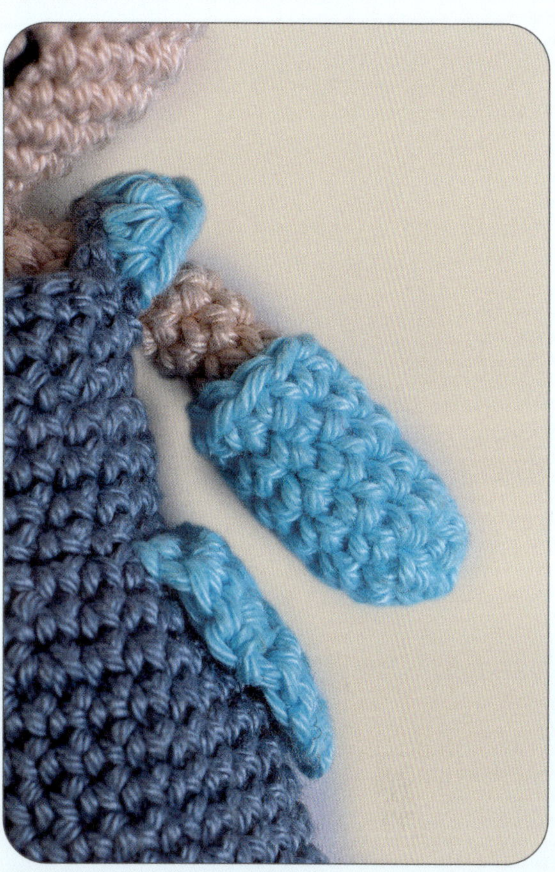

3. Rd: 3 fM, 4 fM in die Lm, 10 fM, 4 fM in die Lm, 3 fM = 24 M
4.–7. Rd: 24 fM (4 Rd)
8. Rd: 2 fM, 1 M verd, 2 fM, ihMg (1 M verd, 2 fM) x2, in beide Mg: (1 M verd, 2 fM) x2, ihMg (1 M verd, 2 fM) x2, in beide Mg: 1 M verd = 32 M
9. Rd: jede 8. M verd = 36 M
10. Rd: jede 9. M verd = 40 M
11.–18. Rd: 40 fM (8 Rd)
19. Rd: in weiß ihMg 40 fM
Alle Fäden abschneiden und vernähen.
Anhäkeln der beiden seitlichen Teile des Kleids: (2x häkeln)
In hellblau in das erste vMg (6. M der 7. Rd bzw. 18. M der 7. Rd) anschl. und in die 6 vMg häkeln:
1. R: 6 fM, 1 WL
2. R: 1 hStb verd, 1 fM, 2 M zus, 1 fM, 1 hStb verd = 7 M, 1 WL
3. R: 2 hStb, 3 M zus, 2 hStb = 5 M, 1 WL
4. R: 5 hStb, 1 WL
5. R: 2 M zus, 1 fM, 2 M zus = 3 M, 1 WL
6. R: 3 M zus = 1 M
Den Faden abschneiden und alle Fäden gebacken.

Armstulpen (2x häkeln)

In hellblau einen Fadenring mit 6 fM anschl. (alternativ: 2 Lm anschl. 6 fM in die 2. Lm von der Nd aus) = 6 M
1. Rd: jede 2. M verd = 9 M
2.–6. Rd: 9 fM (5 Rd)
Den Faden abschneiden und durchziehen. Alle Fäden vernähen.

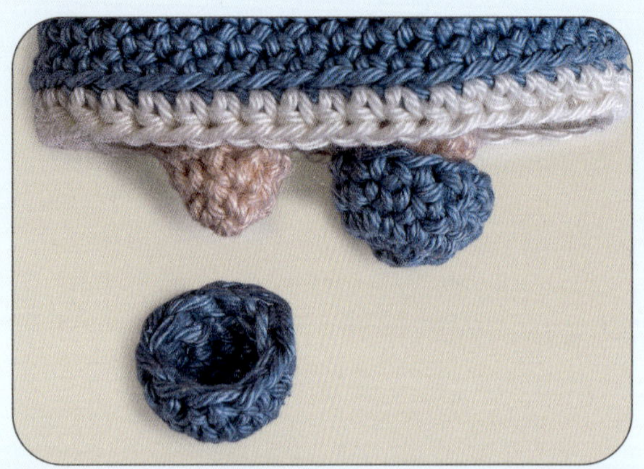

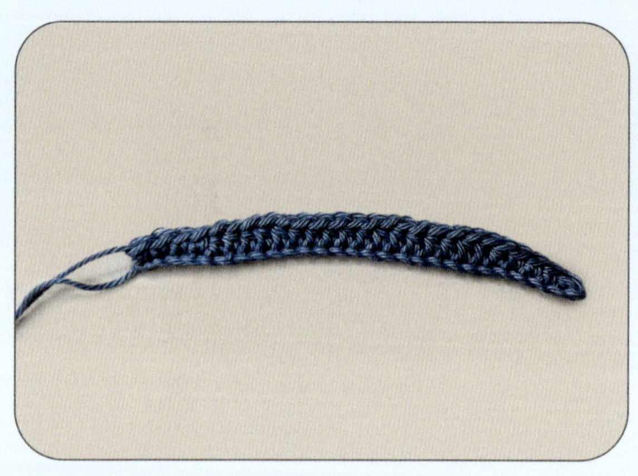

Schuhe (2x häkeln)

In blau einen Fadenring mit 6 fM anschl. (alternativ: 2 Lm anschl. 6 fM in die 2. Lm von der Nd aus) = 6 M

1. Rd: jede M verd = 12 M

2. Rd: 12 fM

3. Rd: jede 3. und 4. M zus = 9 M

Den Faden abschneiden und durchziehen. Alle Fäden vernähen.

Haarreif

In blau 27 Lm anschl.

1. R: 1 fM in die 2. Lm von der Nd aus, 3 fM, 18 hStb, 4 fM

Den Faden abschneiden und durchziehen.

»DAS TRÄUMEN KANN MAN MIR WENIGSTENS NICHT VERBIETEN.«

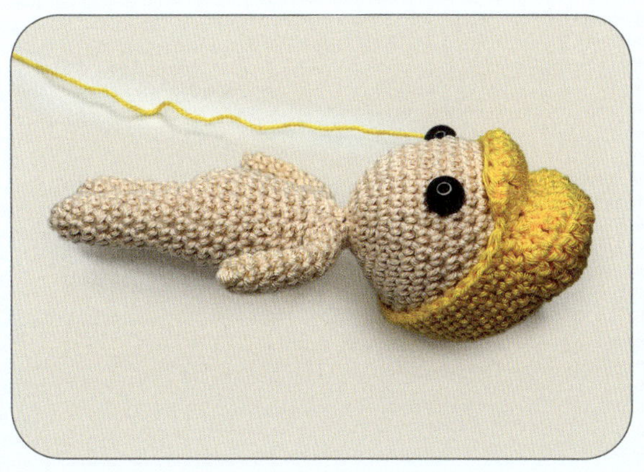

Fertigstellen

In schwarz den Mund aufsticken. Die Haare am Kopf positionieren und festnähen, dabei den Dutt und den vorderen, ausgebeulten Teil der Haare leicht ausstopfen. Den Haarreif dazwischen befestigen. Kleid, Armstulpen und Schuhe anziehen.

Haare

In gelb einen Fadenring mit 6 fM anschl. (alternativ: 2 Lm anschl. 6 fM in die 2. Lm von der Nd aus) = 6 M
1. Rd: jede M verd = 12 M
2. Rd: jede 2. M verd = 18 M
3. Rd: jede 3. M verd = 24 M
4. Rd: jede 4. M verd = 30 M
5. Rd: (1 fM, 1 M verd, 3 fM) x6 = 36 M
6. Rd: 6 fM, 1 hStb, (1 Stb verd) x6, 1 hStb, 22 fM = 42 M
7. Rd: 6 fM, 1 hStb, 12 Stb, 1 hStb, 22 fM
8. Rd: 6 fM, 1 hStb, (2 Stb zus) x6, 1 hStb, 22 fM = 36 M
9. Rd: 7 fM, 6 M verd, 23 fM = 42 M
10. Rd: 8 fM, 1 hStb, 8 Stb, 1 hStb, 1 fM, 1 Km, 1 Lm, wenden und die Haare mit einer Reihe beenden:
1. R: Die Km überspringen, 1 fM, 1 hStb, (2 Stb zus) x4, 1 hStb, 1 fM, 1 Km
Den Faden lang abschneiden.

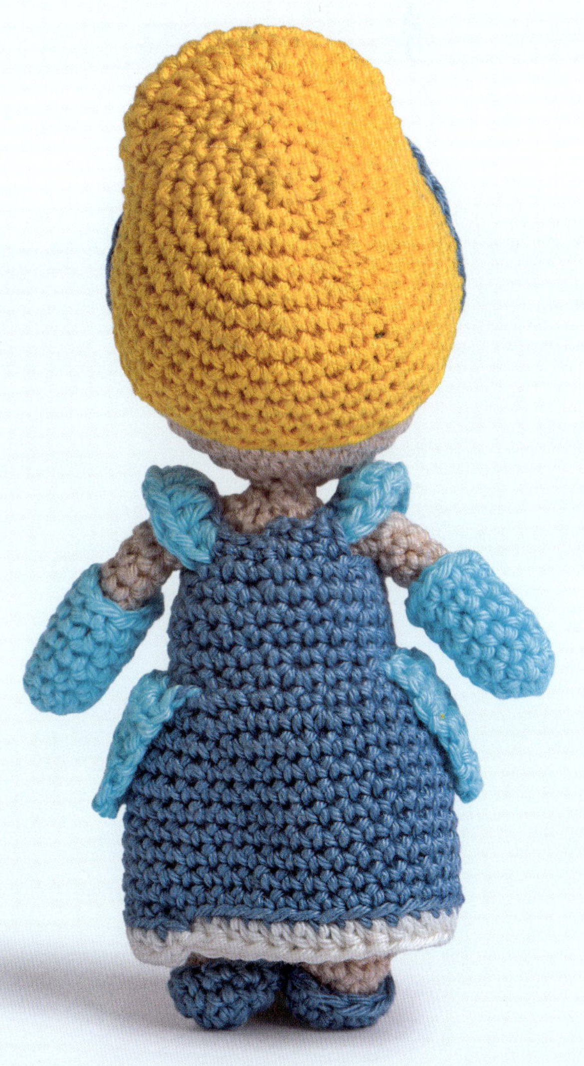

Die Froschprinzessin

SCHWIERIGKEIT: ♛♛♛

MATERIAL

- Garn in den Farben
  - braun (marone 00157)
  - hellgelb (vanille 00403)
  - hellgrün (apfel 00205)
  - grün (moos 00412)
  - schwarz (schwarz 00110)

- 2 schwarze Sicherheitsaugen, ø 10 mm

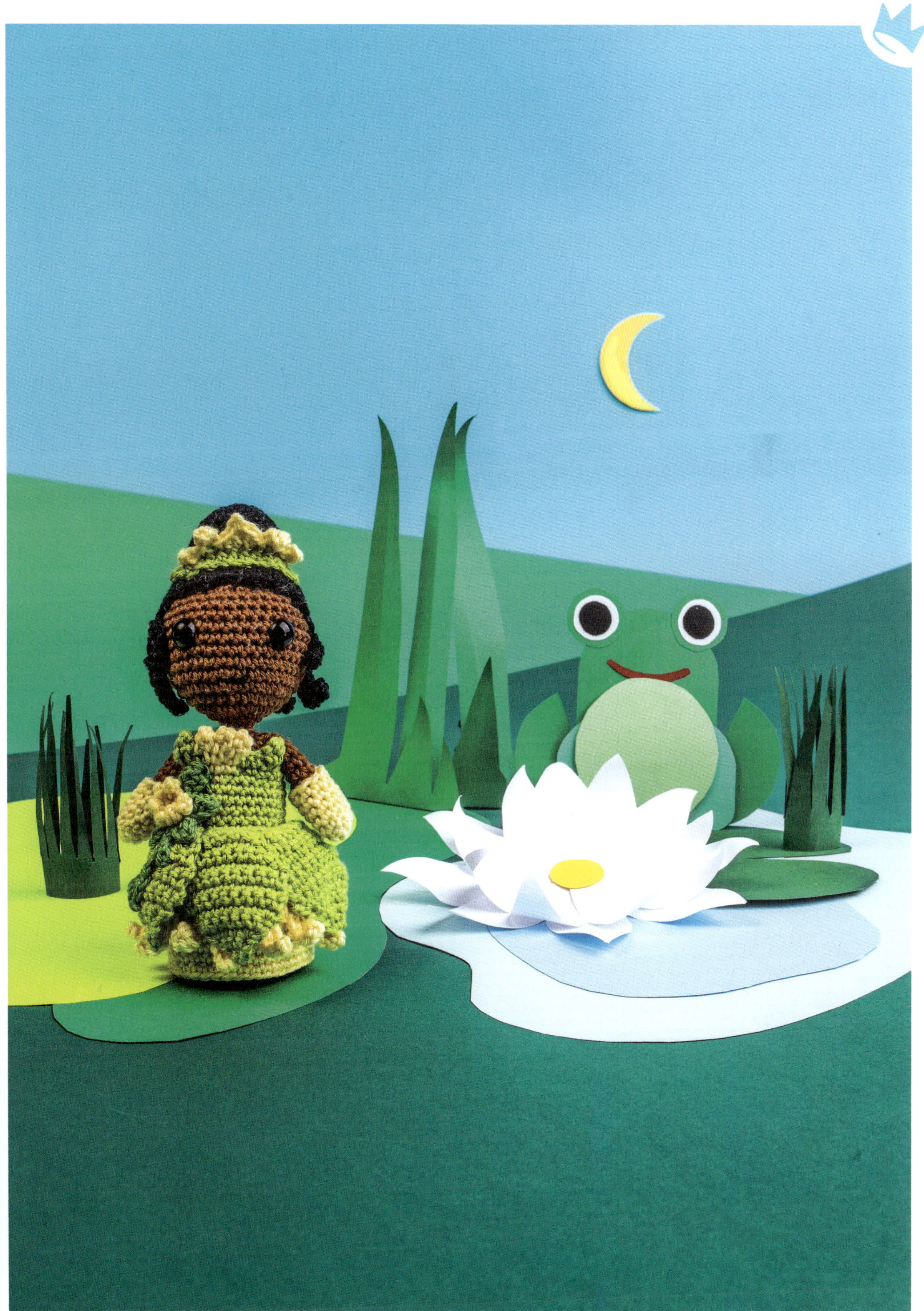

ANLEITUNG

Körper

Den Körper entspr. der Anleitung auf Seite 12/13 in braun häkeln.

Kleid

Das Kleid wird aus mehreren Teilen zusammengesetzt, die entweder direkt aneinandergehäkelt oder angenäht werden.

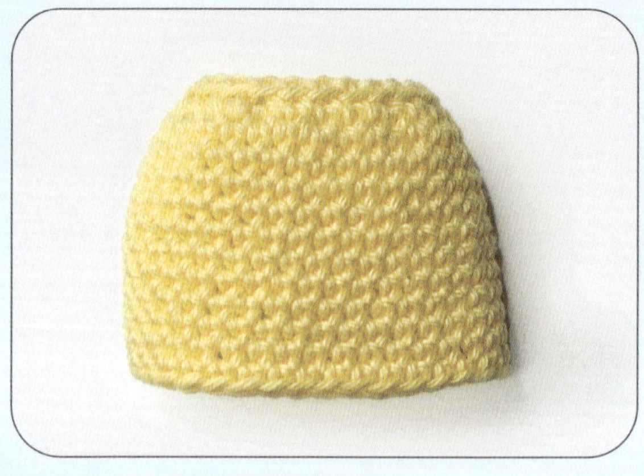

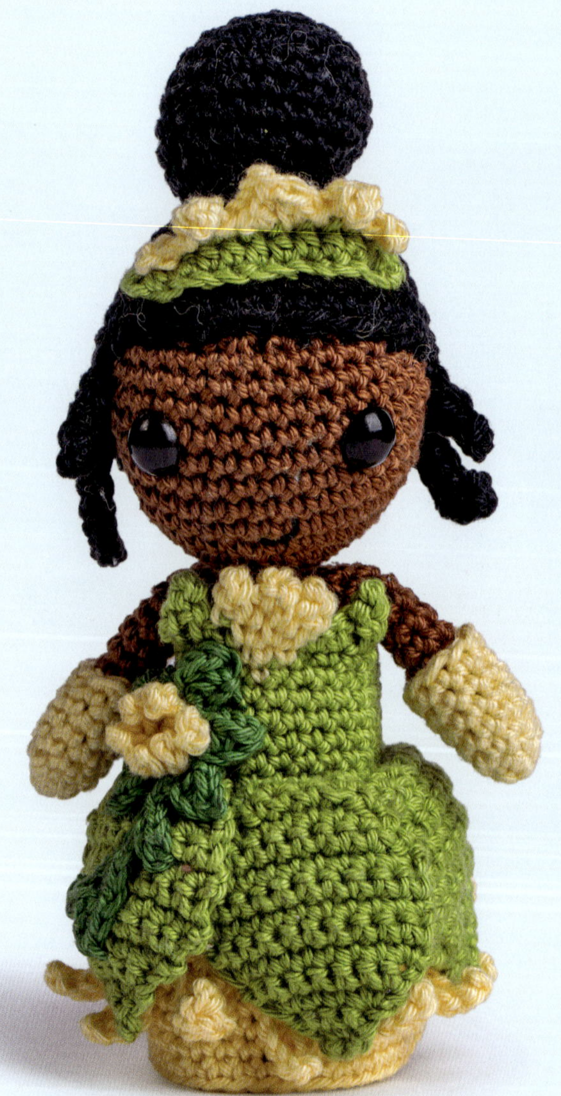

Unterrock

In hellgelb 24 Lm anschl.
1. Rd: mit 1 fM in die erste Lm die Lm-Kette zum Ring schließen, 23 fM = 24 M
2. Rd: ihMg (jede 4. M verd) = 30 M
3. Rd: (1 fM, 1 M verd, 3 fM) x6 = 36 M
4.–13. Rd: 36 fM (10 Rd)
Den Faden abschneiden und alle Fäden vernähen.

»WEISST DU, WAS DAS SCHÖNE AN GUTEM ESSEN IST? ES BRINGT DIE UNTERSCHIEDLICHSTEN MENSCHEN ZUSAMMEN.«

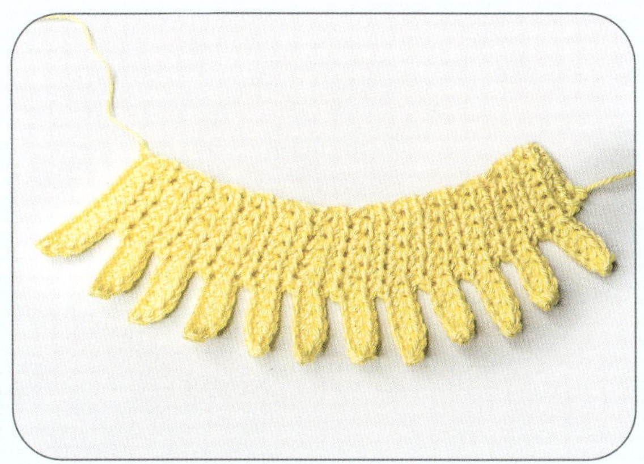

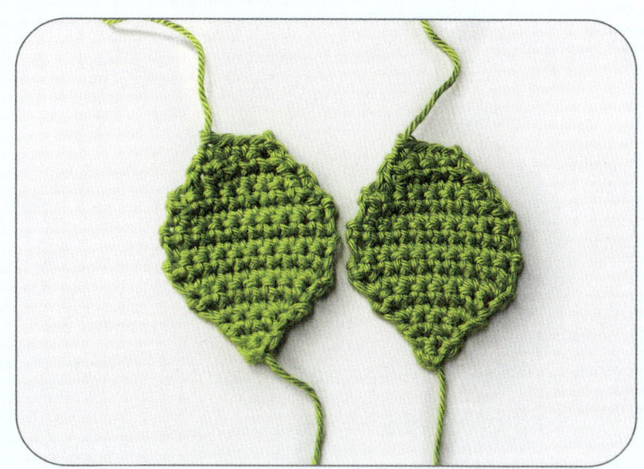

Blätterrock

In hellgelb 13 Lm anschl.
1. R: 1 Km in die 2. Lm von der Nd aus, 1 fM, 10 hStb = 12 M, 1 WL
2. R: ivMg (6 hStb), 7 Lm
3.–22. R: (Reihe 1 und 2 wiederholen) (x10)
23. R: 1 Km in die 2. Lm von der Nd aus, 1 fM, 10 hStb = 12 M, 1 WL
24. R: ivMg (6 hStb) = insgesamt 12 Blätter
Den Faden abschneiden und durchziehen.
Den Blätterrock mit dem nicht aufgefächerten Teil in ivMg der 1. Rd des Unterrocks annähen.

Längere Blätter (2x häkeln)

In hellgrün einen Fadenring mit 2 fM anschl. (alternativ: 2 Lm anschl. 2 fM in die 2. Lm von der Nd aus) = 2 M, 1 WL
1. R: 2 fM, 1 WL
2. R: jede M verd = 4 M, 1 WL
3. R: 1 M verd, 2 fM, 1 M verd = 6 M, 1 WL
4. R: 1 M verd, 4 fM, 1 M verd = 8 M, 1 WL
5. R: 1 M verd, 6 fM, 1 M verd = 10 M, 1 WL
6.–9. R: 10 fM, 1 WL (4 R)
10. R: 2 M zus, 6 fM, 2 M zus = 8 M, 1 WL
11. R: 2 M zus, 4 fM, 2 M zus = 6 M, 1 WL
12. R: 2 M zus, 2 fM, 2 M zus = 4 M, 1 WL
13. R: 4 fM
Den Faden lang abschneiden und durchziehen.

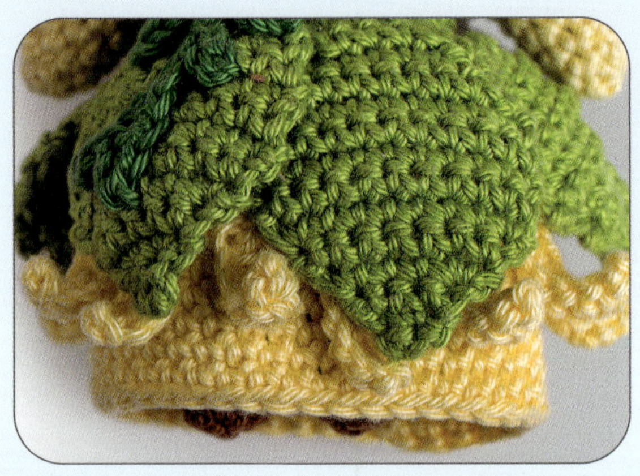

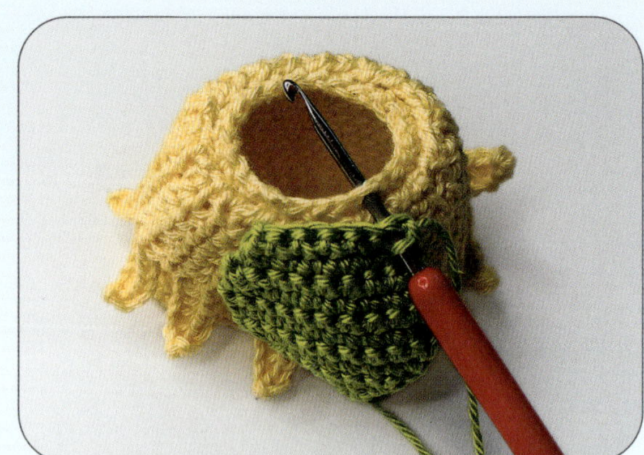

Kürzere Blätter (3x häkeln)

In hellgrün einen Fadenring mit 2 fM anschl. (alternativ: 2 Lm anschl. 2 fM in die 2. Lm von der Nd aus) = 2 M, 1 WL

1. R: 2 fM, 1 WL
2. R: jede M verd = 4 M, 1 WL
3. R: 1 M verd, 2 fM, 1 M verd = 6 M, 1 WL
4. R: 1 M verd, 4 fM, 1 M verd = 8 M, 1 WL
5. R: 1 M verd, 6 fM, 1 M verd = 10 M, 1 WL
6.–9. R: 10 fM, 1 WL (4 R)
10. R: 2 M zus, 6 fM, 2 M zus = 8 M, 1 WL
11. R: 2 M zus, 4 fM, 2 M zus = 6 M, 1 WL
12. R: 6 fM

Bei zwei Blättern den Faden abschneiden und durchziehen, beim dritten Blatt die Masche behalten, um direkt weiter zu häkeln.
Insgesamt sind nun 5 Blätter entstanden, die wie folgt angeordnet werden:
Kürzeres Blatt – Längeres Blatt – Kürzeres Blatt – Längeres Blatt – Kürzeres Blatt

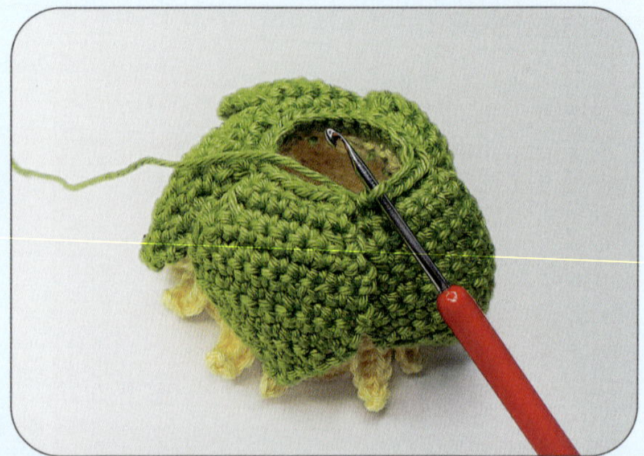

Oberteil des Kleids

Weiterhäkeln mit der Masche des letzten kürzeren Blatts:
1 WL, wenden,
1. Rd: 6 fM durch jeweils 1 M des Blatts und 1 Lm der Anfangs-Lm-Kette des Unterrocks; entsprechend der obigen Reihenfolge nun alle Blätter am Unterrock anhäkeln = 24 M

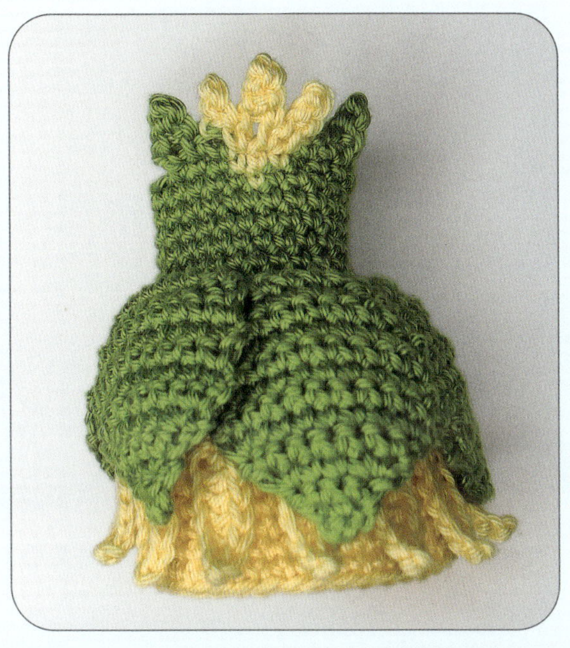

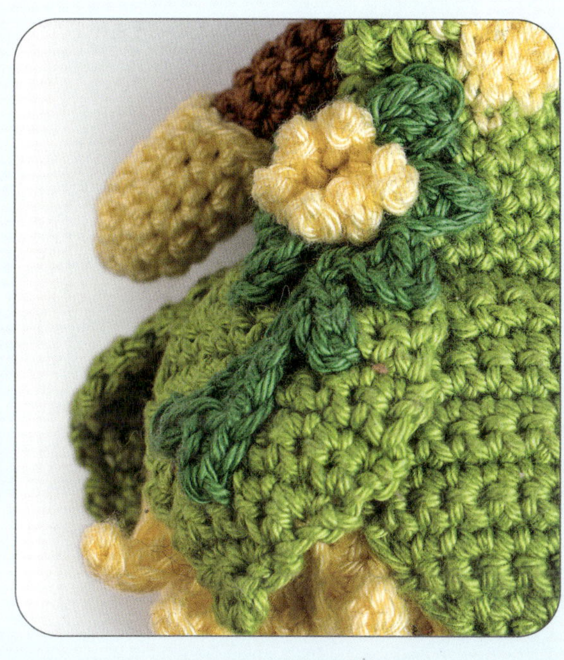

Das Kleid in Runden weiter häkeln:
2.–5. Rd: 24 fM (4 Rd)
6. Rd: 18 fM, in hellgelb 1 fM, in hellgrün 5 fM
7. Rd: 17 fM, in hellgelb 3 fM, in hellgrün 3 fM, 1 WL, das Kleid mit einer Reihe abschließen:
1. R: 1 fM, 3 Lm, 1 Km in die 2. Lm von der Nd aus, 1 fM, 2 fM am Kleid, in hellgelb 3 Lm, 1 Km in die 2. Lm von der Nd aus, 1 fM, 1 fM am Kleid, 4 Lm, 1 Km in die 2. Lm von der Nd aus, 2 fM, 1 fM am Kleid, 3 Lm, 1 Km in die 2. Lm von der Nd aus, 1 fM, 1 fM am Kleid, in hellgrün 2 fM, 3 Lm, 1 Km in die 2. Lm von der Nd aus, 1 fM, 1 fM am Kleid
Alle Fäden abschneiden und vernähen.

Blume

In hellgelb einen Fadenring mit 6 fM anschl. (alternativ: 2 Lm anschl. 6 fM in die 2. Lm von der Nd aus) = 6 M
1. Rd: (3 Lm, 1 Km in die 2. Lm von der Nd aus, 1 Km, 1 Km ivMg der nächsten Masche am Fadenring) x6 = 6 Blätter
2. Rd: in grün (4 Lm, 1 Km in die 2. Lm von der Nd aus, 2 hStb, 1 Km ihMg der nächsten Masche am Fadenring) x5, 11 Lm, 1 Km in die 2. Lm von der Nd aus, 3 Km 3 Lm, 1 Km in die 2. Lm von der Nd aus, 1 fM, 1 fM in die nächste M der ursprünglichen Lm-Kette, 1 fM, 2 Km, 4 Lm, 1 Km in die 2. Lm von der Nd aus, 2 Km, 1 Km in die nächste M der ursprünglichen Lm-Kette, 1 Km, 4 Lm, 1 Km in die 2. Lm von der Nd aus, 2 hStb, 1 Km ihMg der letzten Masche am Fadenring
Den Faden abschneiden und durchziehen.
Die Blume seitlich am Kleid befestigen und alle Fäden vernähen.

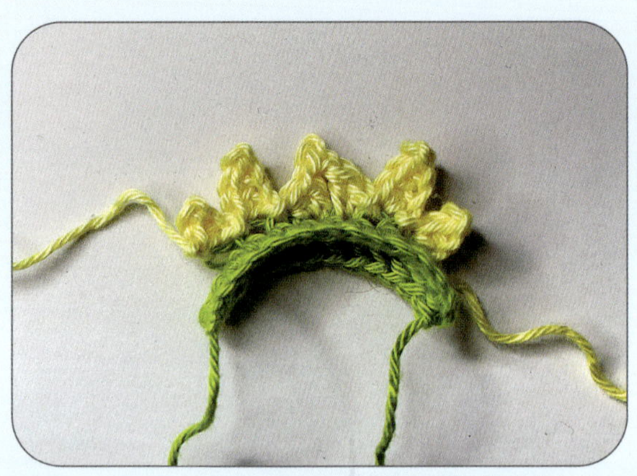

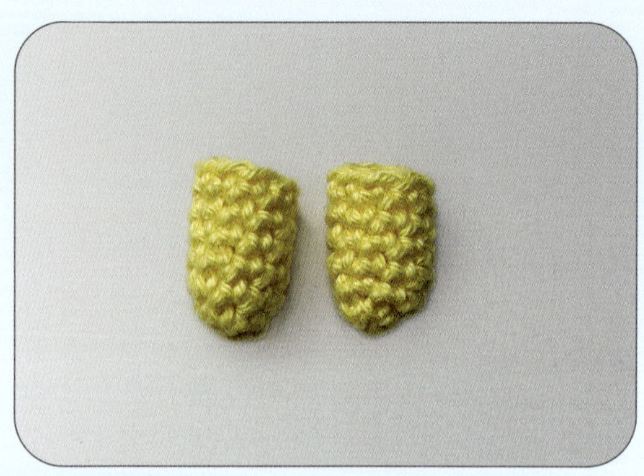

Haarreif

In hellgrün 13 Lm anschl.
1. R: 1 fM in die 2. Lm von der Nd aus, 1 fM, 8 hStb, 2 fM = 12 M, 1 WL
2. R: 2 Km, ivMg (8 hStb), 2 Km
Den Faden abschneiden und durchziehen.
In hellgelb im ersten oder letzten der 8 hMg anschl. und in die 8 hMg häkeln:
1. R: 3 Lm, 1 Km in die 2. Lm von der Nd aus, 1 fM, 1 Km am Haarreif, 4 Lm, 1 Km in die 2. Lm von der Nd aus, 1 fM, 1 hStb, 1 Km am Haarreif, (1 hStb, 1 Stb) in 1 M, 2 Lm, 1 Km in die 2. Lm von der Nd aus, (1 Stb, 1 hStb) in die nächste M am Haarreif, 1 Km, 4 Lm, 1 Km in die 2. Lm von der Nd aus, 1 fM, 1 hStb, 1 Km am Haarreif, 3 Lm, 1 Km in die 2. Lm von der Nd aus, 1 fM, 1 Km in das letzte hMg am Haarreif
Den Faden abschneiden und durchziehen.

Armstulpen (2x häkeln)

In hellgelb einen Fadenring mit 6 fM anschl. (alternativ: 2 Lm anschl. 6 fM in die 2. Lm von der Nd aus) = 6 M
1. Rd: jede 2. M verd = 9 M
2.–6. Rd: 9 fM (5 Rd)
Den Faden abschneiden und durchziehen. Alle Fäden vernähen.

»WENN DU DICH ANSTRENGST UND HART ARBEITEST, DANN WIRD DIR ALLES GELINGEN, WAS DU DIR VORGENOMMEN HAST.«

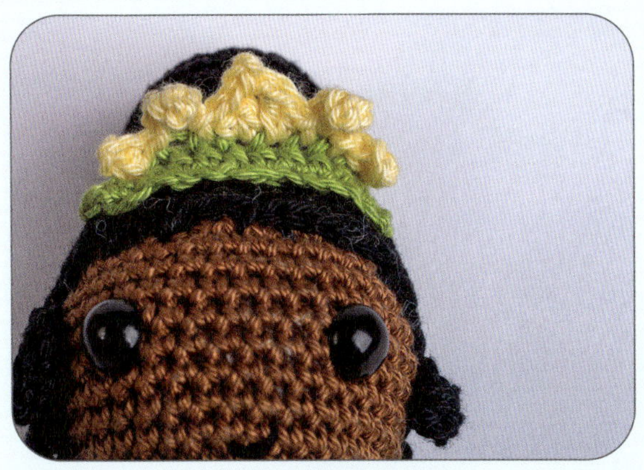

Fertigstellen

Die Haare am Kopf festnähen und den Mund aufsticken. Den Haarreif auf den Haaren befestigen, Kleid und Armstulpen anziehen.

Haare

In schwarz einen Fadenring mit 6 fM anschl. (alternativ: 2 Lm anschl. 6 fM in die 2. Lm von der Nd aus) = 6 M
1. Rd: jede M verd = 12 M
2. Rd: jede 2. M verd = 18 M
3. Rd: jede 3. M verd = 24 M
4.–7. Rd: 24 fM (4 Rd)
8. Rd: jede 3. und 4. M zus = 18 M
9. Rd: jede 2. und 3. M zus = 12 M
10. Rd: jede 2. M verd = 18 M
11. Rd: jede 3. M verd = 24 M
12. Rd: jede 4. M verd = 30 M
13. Rd: (1 fM, 1 M verd, 3 fM) x6 = 36 M
14. und 15. Rd: 36 fM (2 Rd)
16. Rd: jede 6. M verd = 42 M
17. und 18. Rd: 42 fM (2 Rd)
19. Rd: 7 Lm, 1 fM in die 2. Lm von der Nd aus, 5 fM, 2 fM an der Runde, 10 Lm, 1 Km in die 2. Lm von der Nd aus, 3 Km, 5 fM, 3 fM an der Runde, 3 Lm, 1 fM in die 2. Lm von der Nd aus, 1 fM, 12 fM an der Runde, 5 Lm, 1 fM in die 2. Lm von der Nd aus, 3 fM, 2 fM an der Runde, 9 Lm, 1 fM in die 2. Lm von der Nd aus, 7 fM, 3 fM an der Runde, 6 Lm, 1 Km in die 2. Lm von der Nd aus, 1 Km, 3 fM, 1 Km in die nächste M der Runde
Den Faden lang abschneiden und durchziehen. Den Dutt ausstopfen.

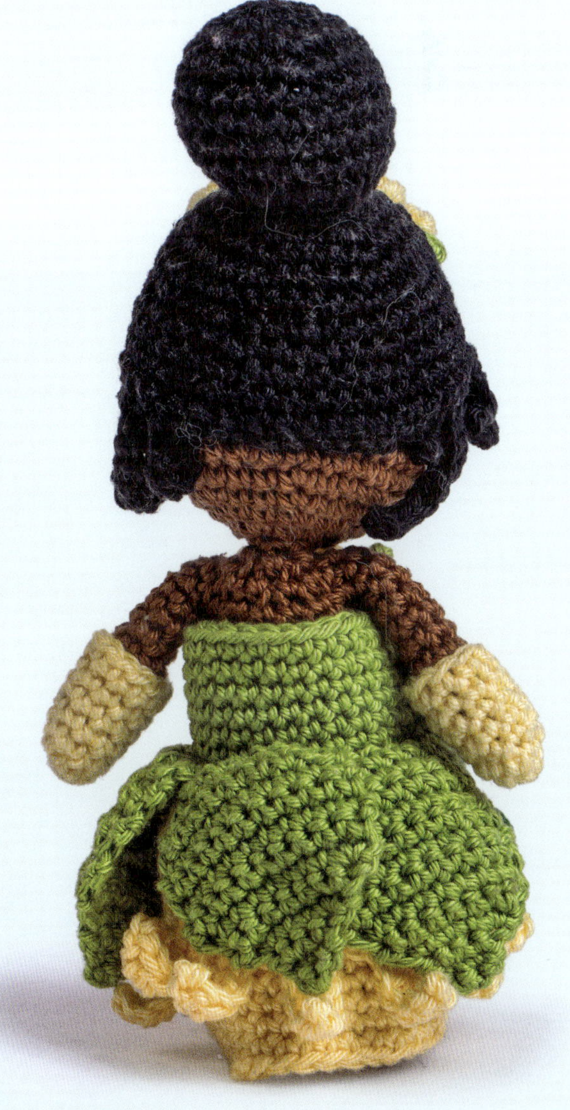

Die Inselprinzessin

SCHWIERIGKEIT:

MATERIAL

- Garn in den Farben
  - braun (deep amber 00438)
  - rot (kirsche 00424)
  - dunkelrot (marsalarot 00396)
  - beige (sand 00404)
  - hellbraun (bast 00257)
  - weiß (weiß 00106)
  - türkis (pfau 00146)
  - schwarz (schwarz 00110)

- 2 schwarze Sicherheitsaugen, ø 10 mm

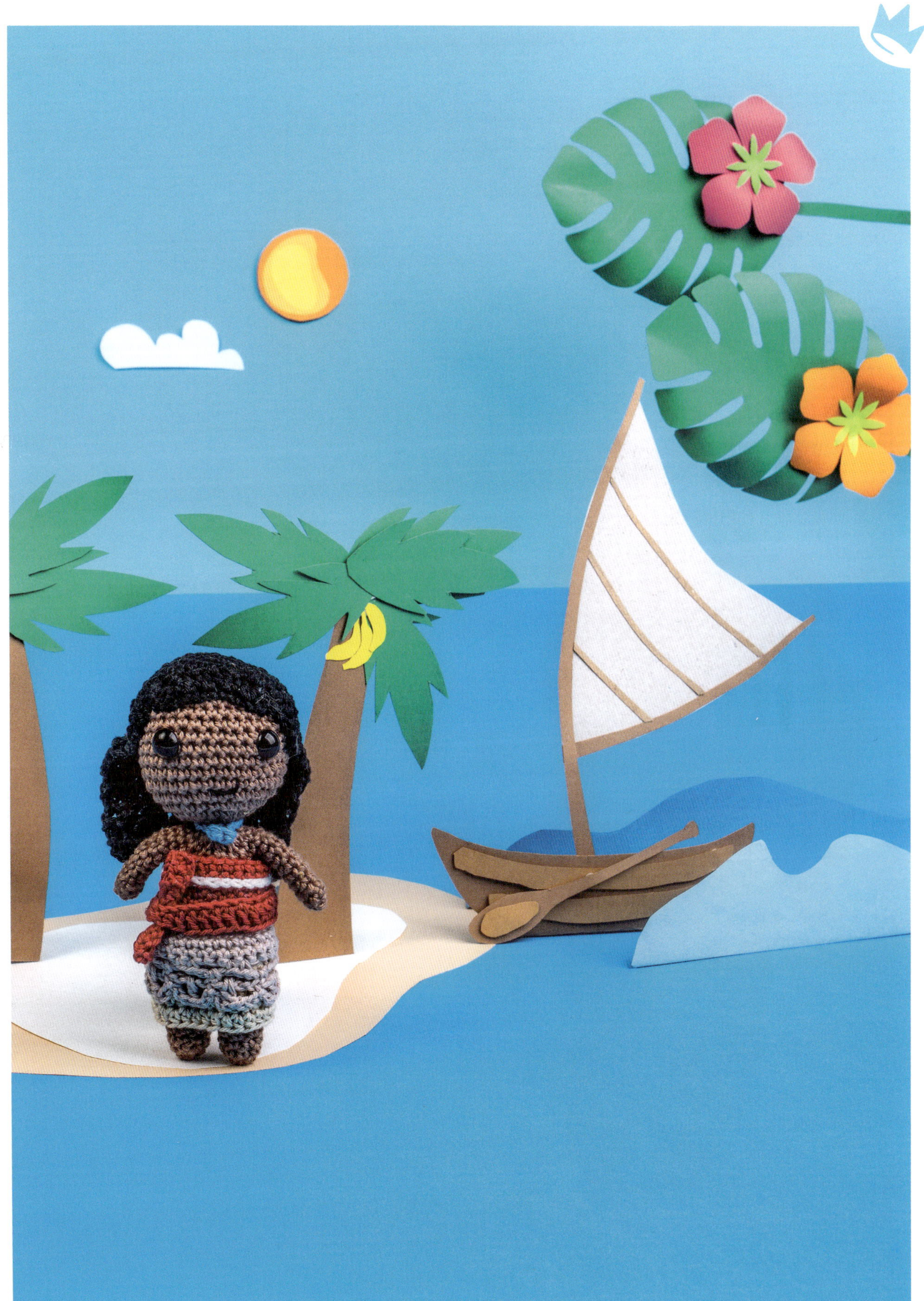

Körper

Den Körper entspr. der Anleitung auf Seite 12/13 in braun häkeln.

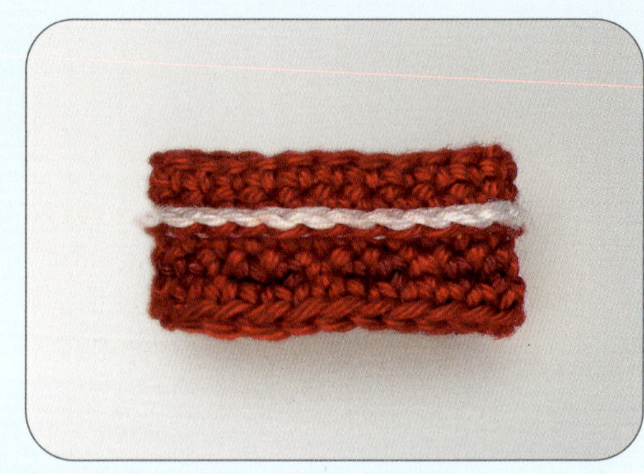

Oberteil

In rot 24 Lm anschl.
1. Rd: mit 1 fM in die erste Lm die Lm-Kette zum Ring schließen, 23 fM = 24 M
2. Rd: 24 fM
3. Rd: in weiß ivMg (24 Km)
4. Rd: in rot ihMg der 2. Rd (24 fM)
5. Rd: (in rot 1 fM, in dunkelrot 2 fM) x8
6. Rd: in rot 24 fM
Den Faden abschneiden und alle Fäden vernähen.

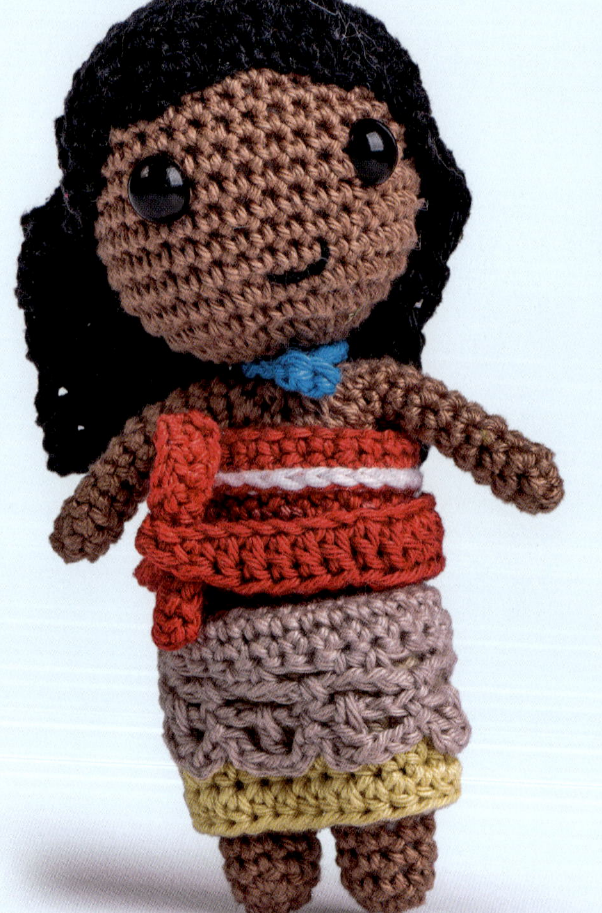

»MANCHMAL ERKENNT MAN UNSERE STÄRKEN NICHT AUF DEN ERSTEN BLICK.«

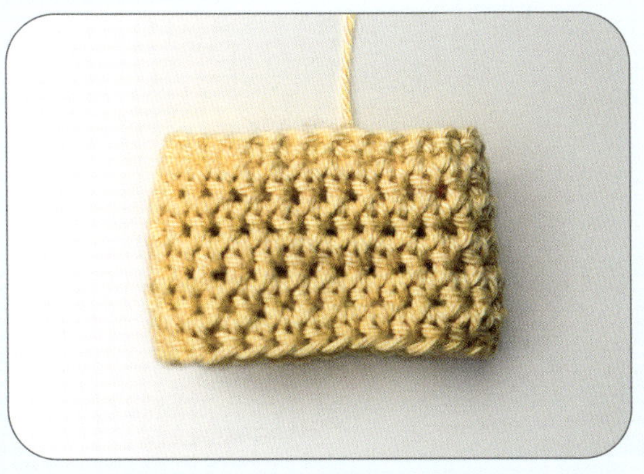

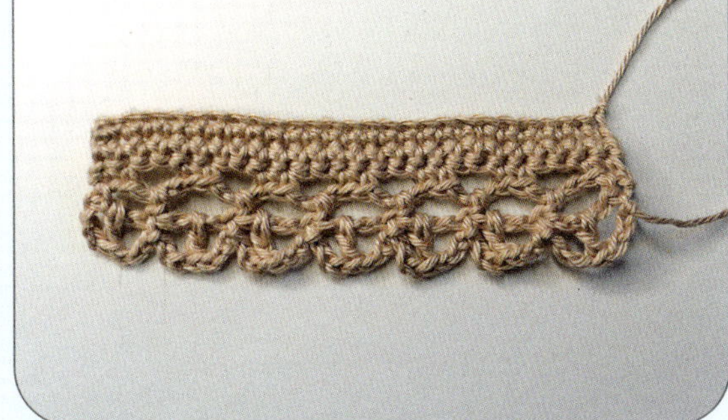

Unterrock

In beige 26 Lm anschl.
1. Rd: mit 1 fM in die erste Lm die Lm-Kette zum Ring schließen, 25 fM = 26 M
2.–6. Rd: 26 hStb (5 Rd)
Den Faden abschneiden und durchziehen, alle Fäden vernähen.

Überrock

In hellbraun 27 Lm anschl.
1. R: 1 fM in die 2. Lm von der Nd aus, 25 fM = 26 M, 1 WL
2. und 3. R: 26 fM, 1 WL (2 R)
4. R: 1 fM, (1 fM, 3 Lm, die nächsten 2 M am Rock überspringen, 1 fM) x6, 1 fM, 1 WL
5. R: 1 fM, (3 Lm, 1 hStb in die Lm-Schlaufe der 4. R) x6, 3 Lm, 1 fM in die letzte M der R, ohne WL wenden
6. R: (3 Lm, 1 Stb in die Lm-Schlaufe der 5. R, 3 Lm, 1 Km in das hStb der 5. R) x6, 3 Lm, 1 Stb in die Lm-Schlaufe der 5. R, 3 Lm, 1 Km in die letzte M der 5.
Den Faden lang abschneiden und durchziehen. Den Überrock mit der Anfangs-Lm-Kette an der Anfangs-Lm-Kette des Unterrocks festnähen und alle Fäden vernähen.

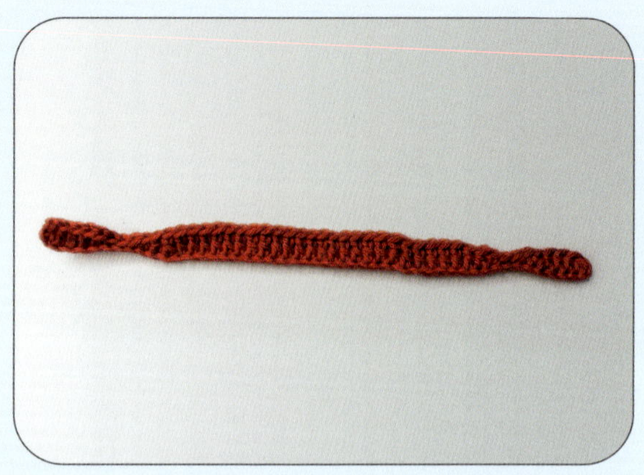

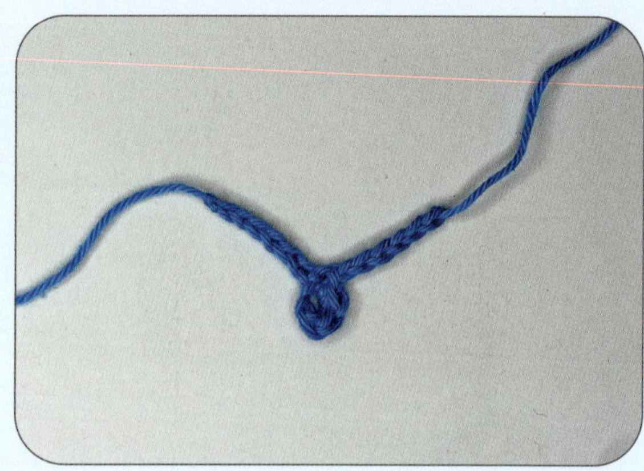

Band

In rot 47 Lm anschl.

1. R: 1 hStb in die 2. Lm von der Nd aus, 3 hStb, 2 fM, 2 Km, 1 fM, 1 hStb, 26 Stb, 1 hStb 1 fM, 2 Km, 2 fM, 4 hStb

Den Faden abschneiden und durchziehen, alle Fäden vernähen.

Kette

In türkis 9 Lm anschl., 3 fM in die 2. Lm von der Nd aus, 1 Km, 6 Lm

Den Faden abschneiden und durchziehen.

»ES KOMMT DER TAG, AN DEM DU DICH UMSCHAUST UND MERKST, DASS DAS GLÜCK DA IST, WO DU BIST.«

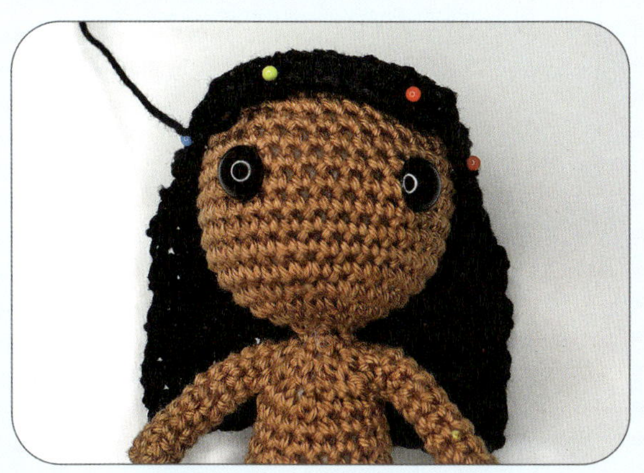

Fertigstellen

Die Haare am Kopf festnähen und den Mund aufsticken. Die Kette am Hals befestigen. Oberteil und Rock anziehen, das Band um den Rock knoten.

Haare

In schwarz 11 Lm anschl.
1. R: (1 Stb, 1 hStb) in 1 M, (1 Stb, 1 hStb) x4, (1 Stb, 1 hStb) in 1 M = 12 M, 1 WL
2. R: (1 Stb, 1 hStb) in 1 M, (1 Stb, 1 hStb) x5, (1 Stb, 1 hStb) in 1 M = 14 M, 1 WL
3. R: (1 Stb, 1 hStb) in 1 M, (1 Stb, 1 hStb) x6, (1 Stb, 1 hStb) in 1 M = 16 M, 1 WL
4. R: (1 Stb, 1 hStb) in 1 M, (1 Stb, 1 hStb) x7, (1 Stb, 1 hStb) in 1 M = 18 M, 1 WL
5.–15. R: (1 Stb, 1 hStb) x9, 1 WL (11 R)
16. R: (1 Stb, 1 hStb) x9
Den Faden lang abschneiden und durchziehen.

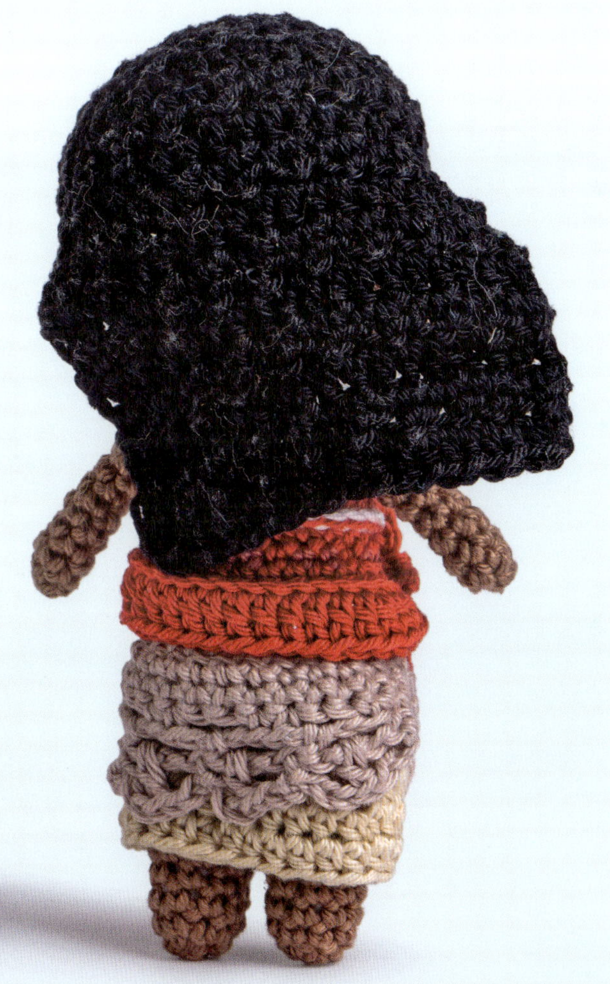

Die Kriegerprinzessin

SCHWIERIGKEIT:

MATERIAL

- Garn in den Farben
  - beige (soft apricot 00263)
  - hellgrün (apfel 00205)
  - dunkelgrün (moos 00412)
  - blau (royal 00201)
  - rot (weinrot 00192)
  - gelb (honig 00206)
  - schwarz (schwarz 00110)

- 2 schwarze Sicherheitsaugen, ø 10 mm

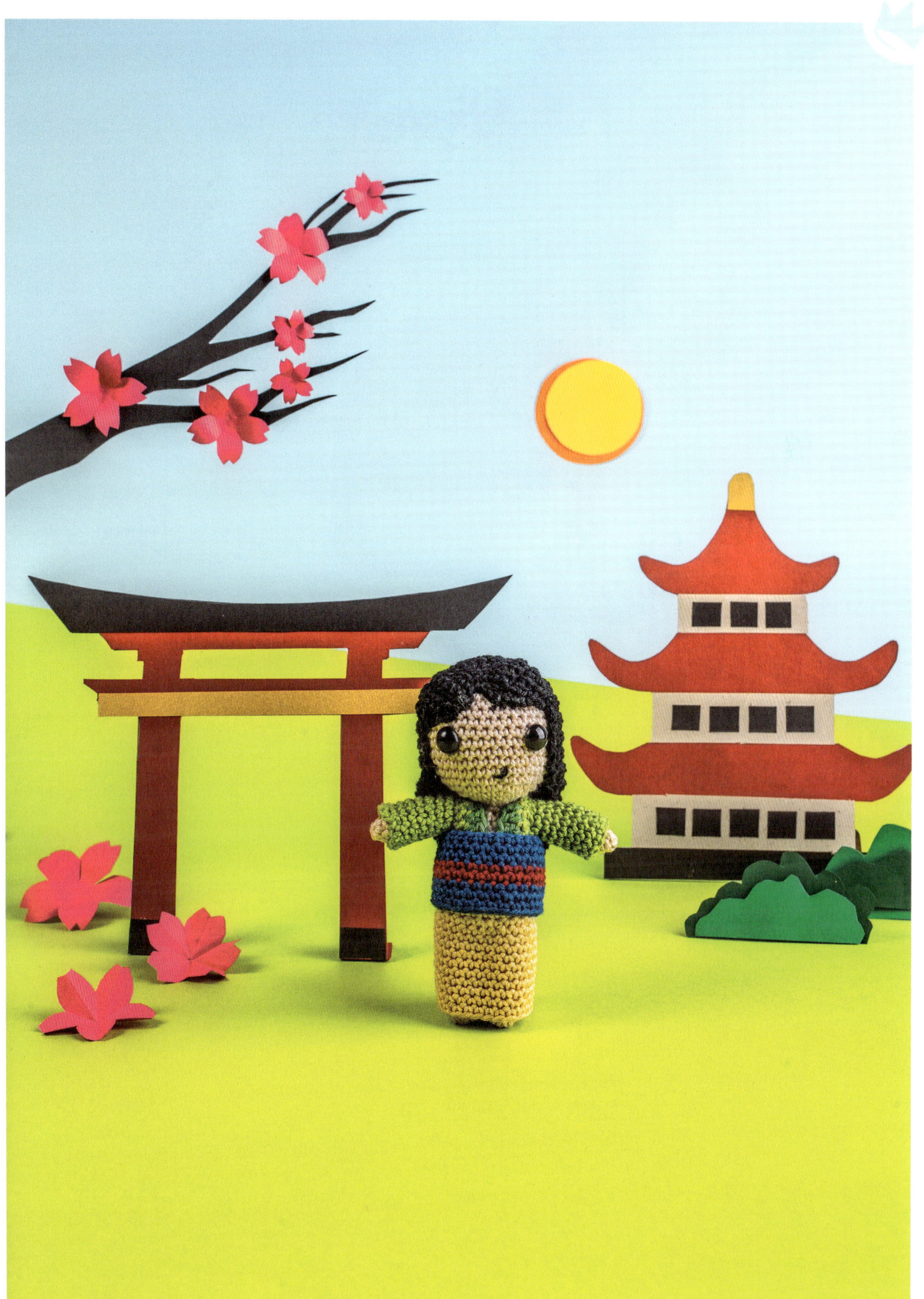

ANLEITUNG

Körper

Den Körper entspr. der Anleitung auf Seite 12/13 in beige häkeln.

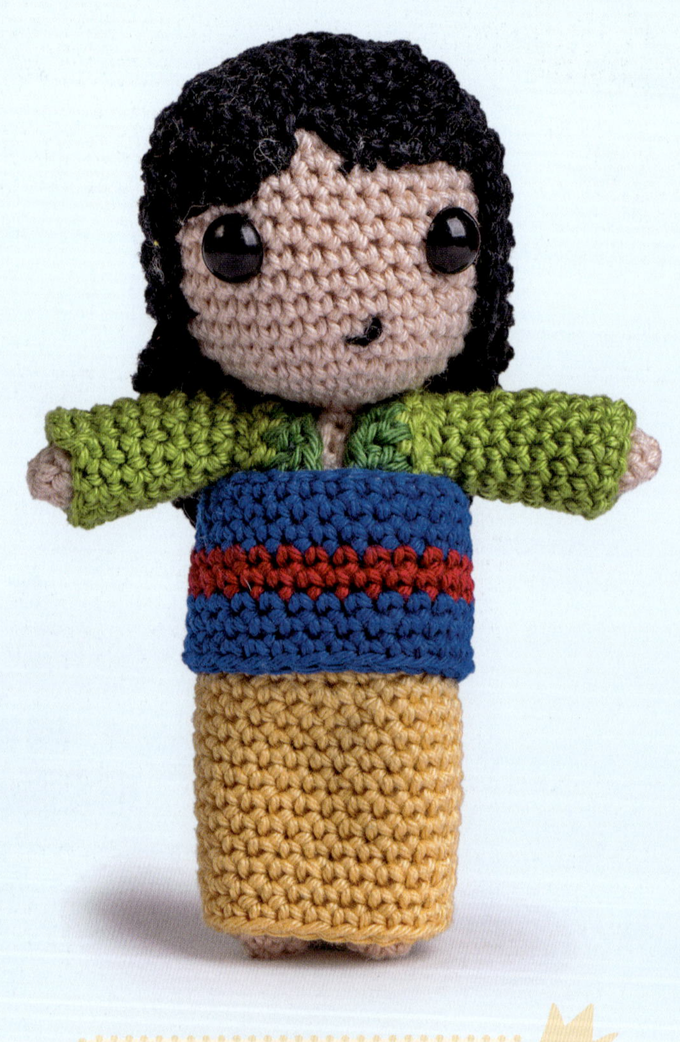

»EINE BLUME, DIE IN DER DÜRRE ERBLÜHT, IST DIE SELTENSTE UND SCHÖNSTE VON ALLEN.«

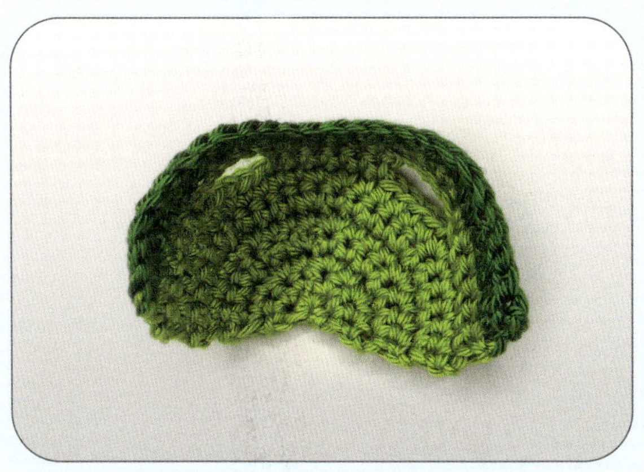

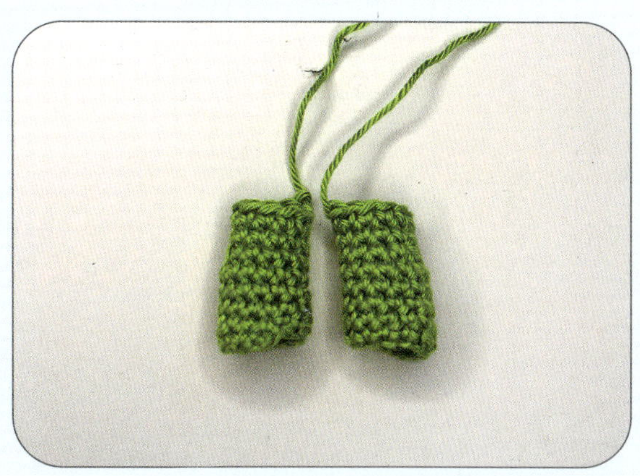

Jacke

In hellgrün einen Fadenring mit 4 fM anschl. (alternativ: 2 Lm anschl. 4 fM in die 2. Lm von der Nd aus) = 4 M, 1 WL

1. R: jede M verd = 8 M, 1 WL
2. R: jede 2. M verd = 12 M, 1 WL
3. R: jede 3. M verd = 16 M, 1 WL
4. R: jede 4. M verd = 20 M, 1 WL
5. R: jede 5. M verd = 24 M, 1 WL
6. R: jede 6. M verd = 28 M, 1 WL
7. R: 6 fM, 5 Lm, die nächsten 5 M überspringen, 6 fM, 5 Lm, die nächsten 5 M überspringen, 6 fM = 18 M + 10 Lm, 1 WL
8. R: 6 fM, 5 fM in die Lm, 6 fM, 5 fM in die Lm, 6 fM = 28 M, 1 WL
9. R: in dunkelgrün 8 Stb, 1 hStb, 2 fM, (2 M zus) x3, 2 fM, 1 hStb, 8 Stb

Den Faden abschneiden und alle Fäden vernähen.

Ärmel (2x häkeln)

In hellgrün 12 Lm anschl.

1. Rd: mit 1 fM in die erste Lm die Lm-Kette zum Ring schließen, 11 fM = 12 M
2.–5. Rd: 12 fM (4 Rd)
6. Rd: 4 fM (2 M zus) x2, 4 fM = 10 M
7. und 8. Rd: 10 fM (2 Rd)

Den Faden abschneiden und durchziehen. Die Ärmel mit dem Endfaden an den Armausschnitten der Jacke festnähen, alle Fäden vernähen.

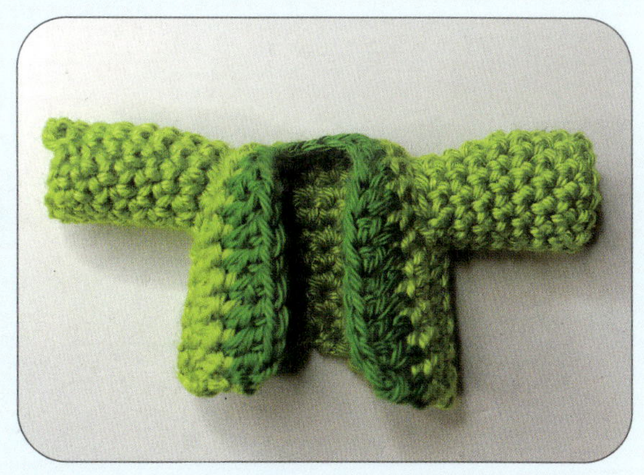

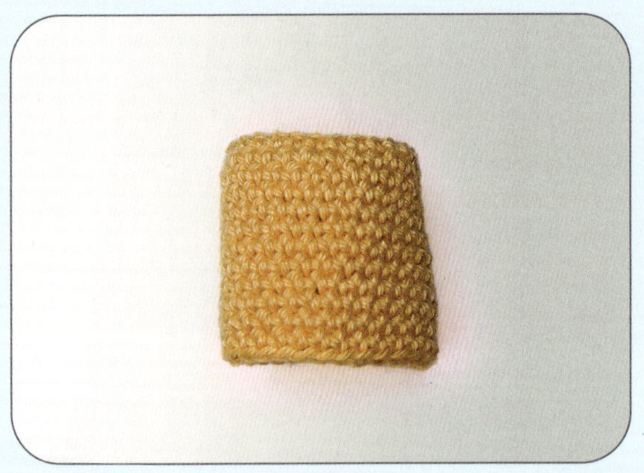

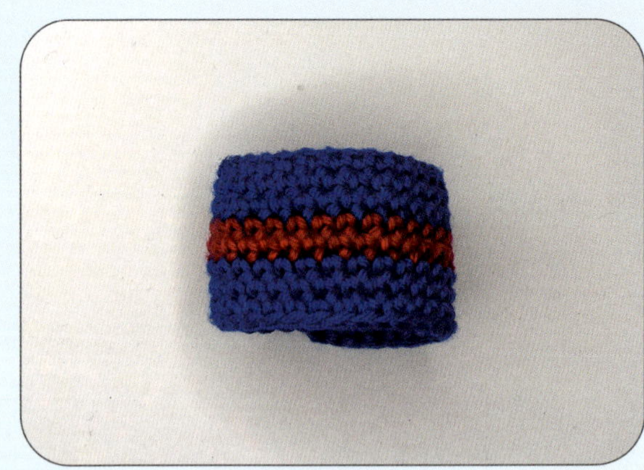

Rock

In gelb 24 Lm anschl.
1. Rd: mit 1 fM in die erste Lm die Lm-Kette zum Ring schließen, 23 fM = 24 M
2. Rd: jede 6. M verd = 28 M
3.–12. Rd: 28 fM (10 Rd)
Den Faden abschneiden und durchziehen, alle Fäden vernähen.

Gürtel

In blau 28 Lm anschl.
1. Rd: mit 1 fM in die erste Lm die Lm-Kette zum Ring schließen, 27 fM = 28 M
2. und 3. Rd: 28 fM (2 Rd)
4. und 5. Rd: in rot 28 fM (2 Rd)
6.–8. Rd: in blau 28 fM (3 Rd)
Den Faden abschneiden und durchziehen, alle Fäden vernähen.

»SO SEHR DER STURM AUCH TOBT, DEN BERG WIRD ER NIE IN DIE KNIE ZWINGEN.«

Haare

In schwarz einen Fadenring mit 6 fM anschl. (alternativ: 2 Lm anschl. 6 fM in die 2. Lm von der Nd aus) = 6 M
1. Rd: jede M verd = 12 M
2. Rd: jede 2. M verd = 18 M
3. Rd: jede 3. M verd = 24 M, 1 WL, wenden und die Haare in Reihen fertig häkeln:
1. R: 24 fM, 1 WL
2. R: 8 fM, 1 M verd, 2 fM, 2 M verd, 2 fM, 1 M verd, 8 fM = 28 M, 1 WL
3. R: 2 M zus, 2 fM, (2 fM, 1 M verd, 2 fM) x4, 2 fM, 2 M zus = 30 M, 1 WL
4. und 5. R: (2 M zus) x2, (3 fM, 1 M verd) x2, 3 fM, (3 fM, 1 M verd) x2, 3 fM, (2 M zus) x2 = 30 M, 1 WL (2 R)
6. R: 2 M zus, 10 fM, 2 M zus, 2 fM, 2 M zus, 10 fM, 2 M zus = 26 M, 1 WL
7. R: 12 fM, 2 M zus, 12 fM = 25 M, 1 WL
8.–13. R: 25 fM (6 R)
14. R: 2 M zus, 21 fM, 2 M zus = 23 M, 1 WL
15. R: 2 M zus, 19 fM, 2 M zus = 21 M, 1 WL
16. R: 2 M zus, 17 fM, 2 M zus = 19 M, 1 WL
17. R: 2 M zus, 15 fM, 2 M zus = 17 M, 1 WL
18. R: 2 M zus, 13 fM, 2 M zus = 15 M, 1 WL
19.–23. R: 15 fM, 1 WL (5 R)
24. R: 15 fM
Den Faden lang abschneiden und durchziehen.

Fertigstellen

Die Haare am Kopf annähen und in schwarz den Mund aufsticken. Die Jacke und den Rock anziehen. Den Gürtel so darüber ziehen, dass keine Lücken mehr zu sehen sind.

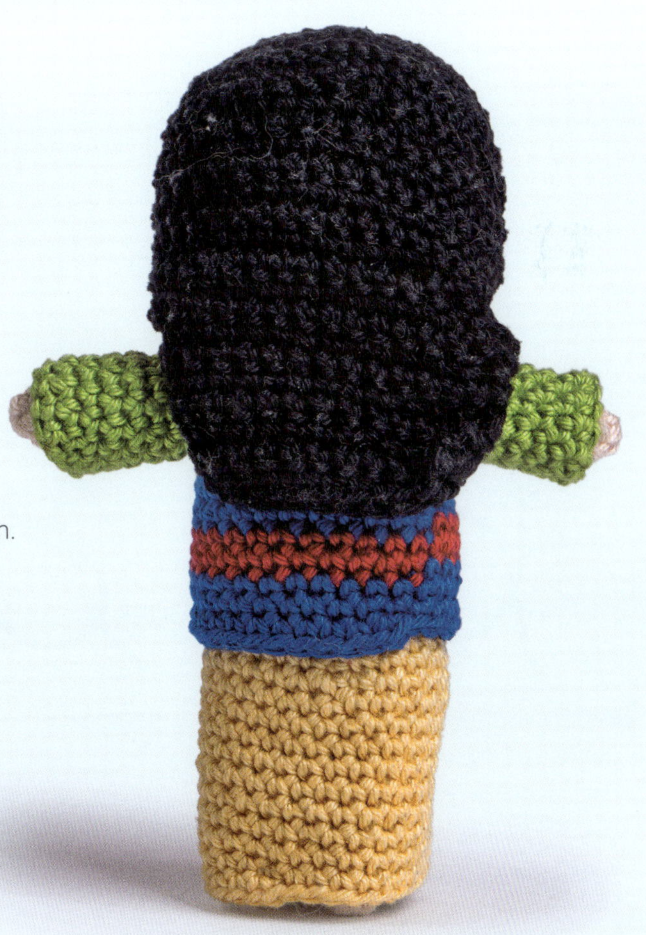

Grundkurs Häkeln

LUFTMASCHENANSCHLAG

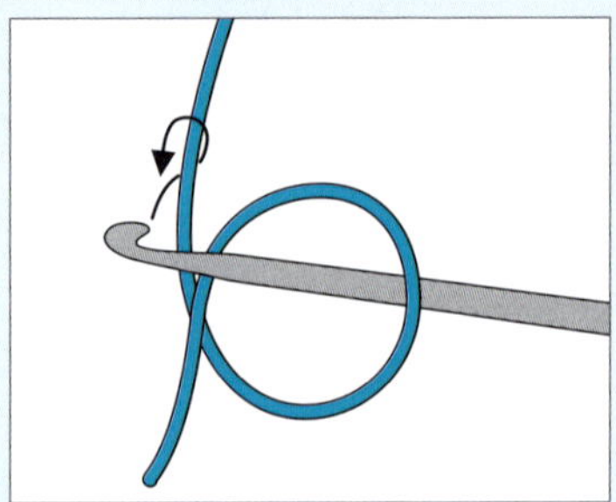

Den Faden zu einem Kreis legen, sodass sich die Fäden kreuzen. Dabei das Fadenende zwischen Zeigefinger und Daumen halten. Die Häkelnadel durch den Kreis führen, den Faden um die Nadel legen und den Umschlag durchziehen. Festziehen!

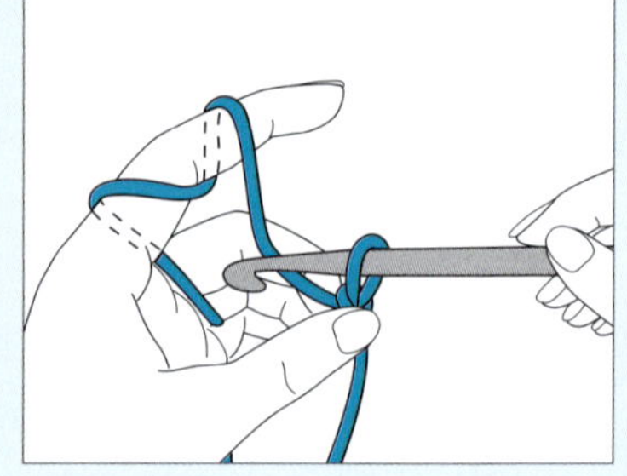

Der Anschlagsknoten ist fertig und eine Schlinge liegt auf der Nadel. Den Anschlagsknoten mit Daumen und Mittelfinger halten, den Faden vom Zeigefinger mit der Nadel erfassen und durch die Schlinge ziehen.

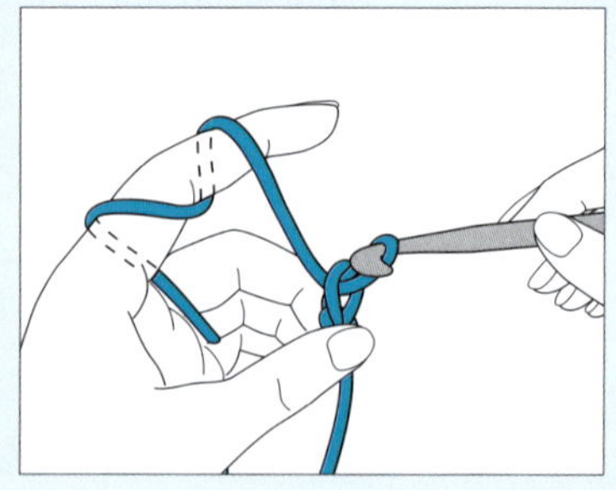

Die 1. Luftmasche ist fertig. Wiederholen, bis die gewünschte Luftmaschenzahl erreicht ist.

FADENRING

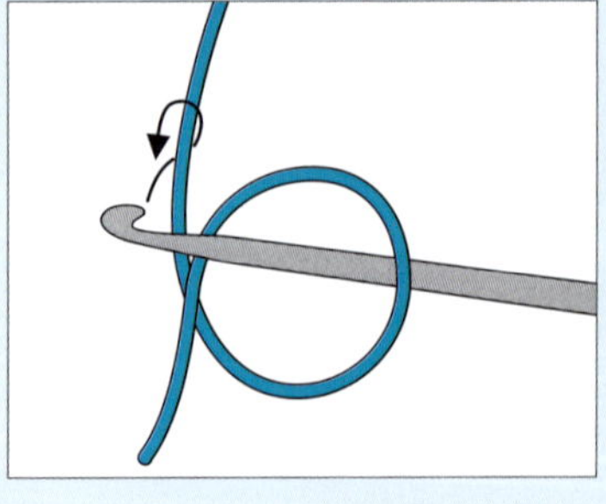

Den Faden zu einem Kreis legen, sodass sich die Fäden kreuzen. Dabei das Fadenende zwischen Zeigefinger und Daumen halten. Die Häkelnadel durch den Kreis führen, den Faden um die Nadel legen und den Umschlag durchziehen. Nicht festziehen!

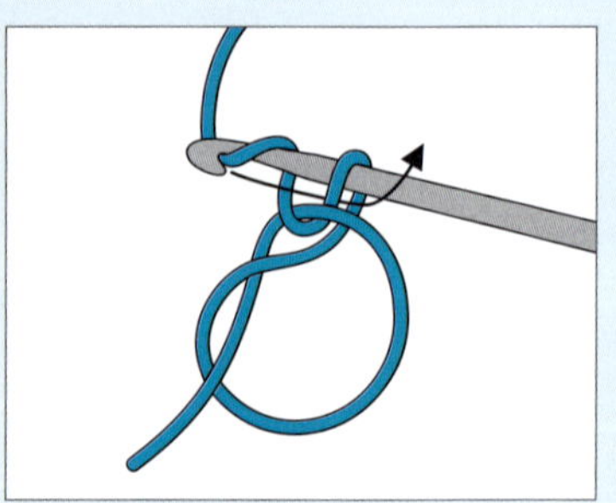

Den Arbeitsfaden um den linken Zeigefinger legen und den Kreuzungspunkt festhalten, 1 Umschlag durch die Schlinge der Nadel ziehen (= 1 Luftmasche).

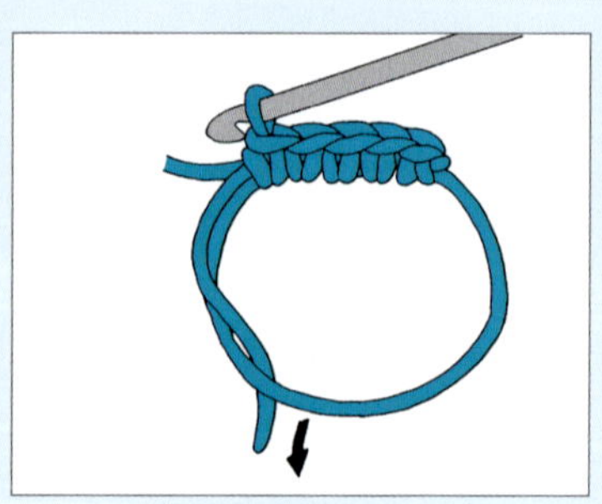

Den Ring wie angegeben behäkeln und am Ende der 1. Runde den Fadenring festziehen.

HÄKELN IN SPIRALRUNDEN

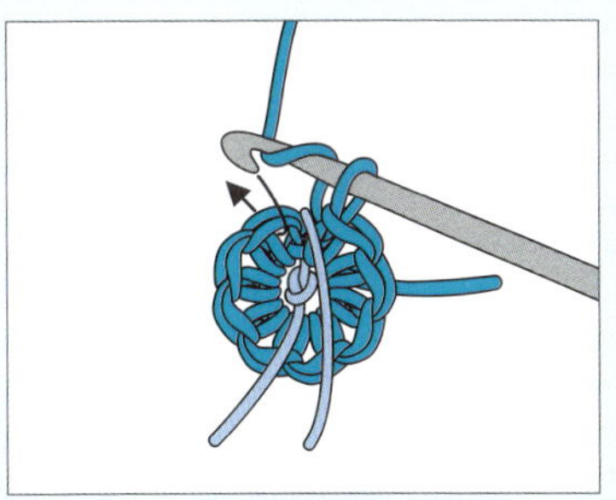

Zunächst die angegebene Maschenzahl in den Fadenring arbeiten und diesen festziehen. Danach für die 2. Runde direkt in die 1. feste Masche der 1. Runde einstechen. Dabei den Rundenübergang mit einem Kontrastfaden markieren, denn die Runden schrauben sich spiralförmig in die Höhe, sodass nur schwer zu erkennen ist, wann eine neue Runde erreicht ist. Die Markierung zeigt den Rundenbeginn.

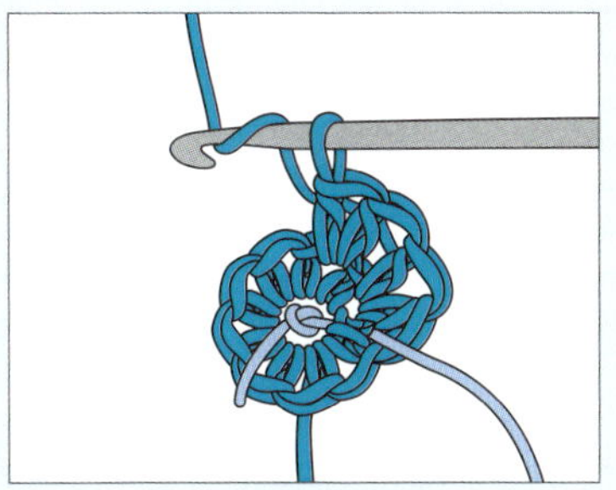

Wie in der Anleitung beschrieben die 2. Runde häkeln.

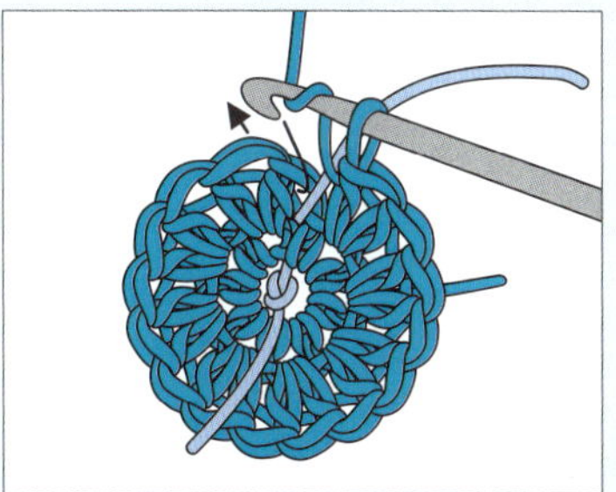

Am Rundenübergang den Markierungsfaden im Wechsel nach vorne bzw. nach hinten legen und entsprechend der Anleitung weiterarbeiten. Nach Beenden der Arbeit den Markierungsfaden herausziehen.

FESTE MASCHE IN DIE VORDERE SCHLAUFE

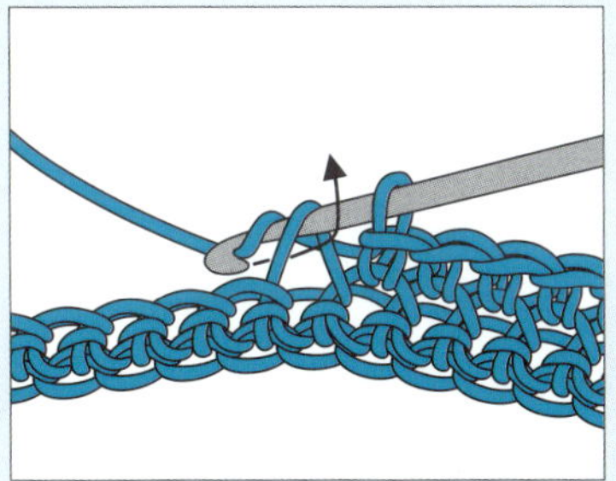

Beim Einstechen in die Masche der Vorreihe/-runde darauf achten, dass stets nur die vordere Schlaufe erfasst wird. Den Umschlag durchholen. Dann wie bei allen festen Maschen den Faden erneut um die Nadel legen und durch beide Schlingen ziehen.

FESTE MASCHE IN DIE HINTERE SCHLAUFE

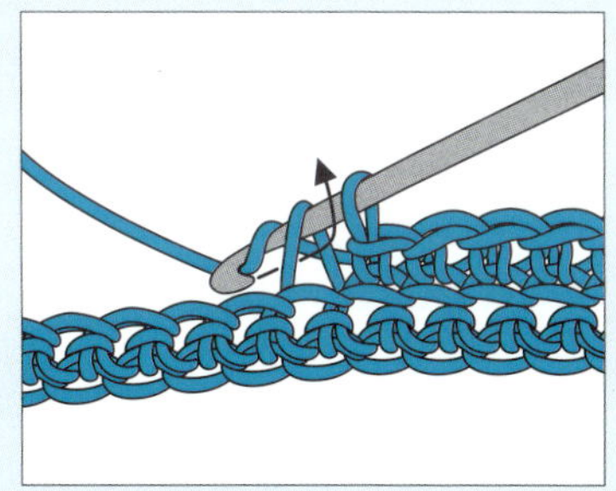

Beim Einstechen in die Masche der Vorreihe/-runde darauf achten, dass stets nur die hintere Schlaufe erfasst wird. Den Umschlag durchholen. Dann wie bei allen festen Maschen den Faden erneut um die Nadel legen und durch beide Schlingen ziehen.

FARBWECHSEL BEIM HÄKELN IN SPIRAL-RUNDEN UND REIHEN

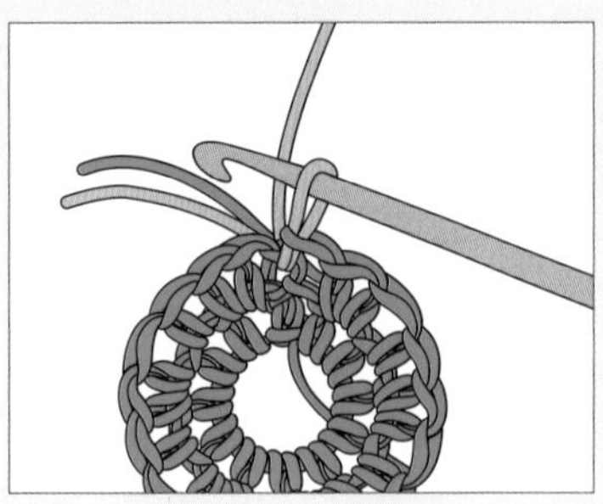

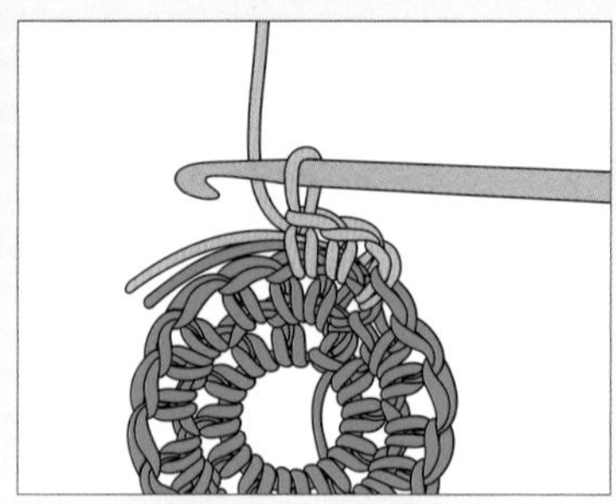

Um einen exakten Farbübergang zu erreichen, bereits die letzte Schlinge der letzten Masche der Vorrunde in der neuen Farbe häkeln. Bei einem Farbwechsel innerhalb der Reihe oder Runde ebenfalls die letzte Schlinge der letzten Masche der vorhergehenden Farbe mit der neuen Farbe häkeln.

Bei Reihen beide Fadenenden auf die Maschenglieder der Vorreihe legen. Die folgenden 4–5 Maschen über die Fadenenden arbeiten. Dabei wie gewohnt feste Maschen häkeln, in deren Mitte die Fadenenden versteckt und fixiert werden. Überstehende Fadenenden abschneiden. Bei Runden die Fadenenden lediglich auf der Innenseite verknoten.

WENDELUFTMASCHE

Wendeluftmaschen werden wie normale Luftmaschen gearbeitet, implizieren jedoch ein Wenden der Arbeit und werden beim Zurückhäkeln stets übersprungen.

KETTMASCHE

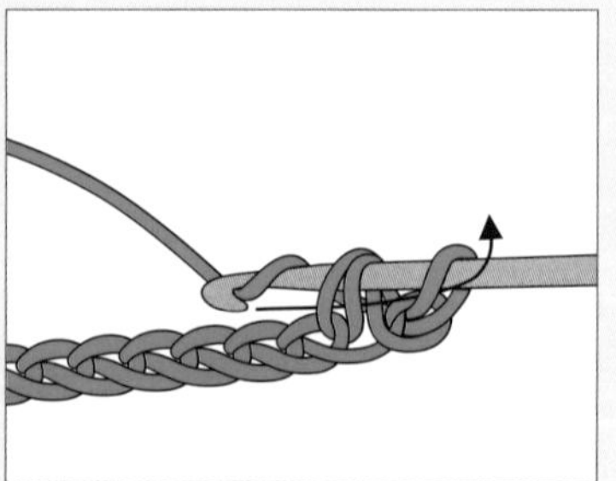

In die vorgesehene Masche einstechen, den Faden um die Nadel legen und diesen Umschlag durch alle Schlingen der Nadel ziehen.

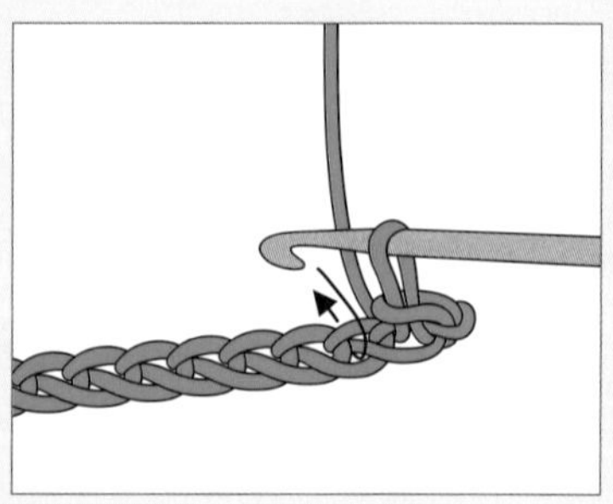

Die Kettmasche ist fertig.

UNSICHTBARES ZUNEHMEN

Beim unsichtbaren Zunehmen arbeitet man die erste feste Masche nur in die vordere Maschenschlaufe und die zweite feste Masche dann wie gewohnt in beide Schlaufen gleichzeitig.

Achtung: Beim Häkeln in Reihen wird die erste feste Masche immer in die von außen sichtbare Maschenschlaufe gearbeitet. Pro Reihe wird also immer zwischen vorderer und hinterer Schlaufe gewechselt.

UNSICHTBARES ABNEHMEN

Beim unsichtbaren Abnehmen wird die Häkelnadel zunächst durch die vorderen Maschenschlaufen der folgenden zwei Maschen gestochen und der Faden dann durch beide Schlaufen gleichzeitig geholt. Der Faden wird dann wie gewohnt durch die beiden Fadenschlingen, die sich nun auf der Häkelnadel befinden, gezogen.

Achtung: Beim Häkeln in Reihen wird die Abnahme immer in die von außen siehtbaren Maschenschlaufen gearbeitet. Pro Reihe wird also immer zwischen vorderen und hinteren Schlaufen gewechselt. Zu beachten ist hier weiterhin, dass beim Häkeln in die vorderen Schlaufen die Häkelnadel erst in die übernächste und dann in die nächste Masche gestochen wird.

HALBES STÄBCHEN

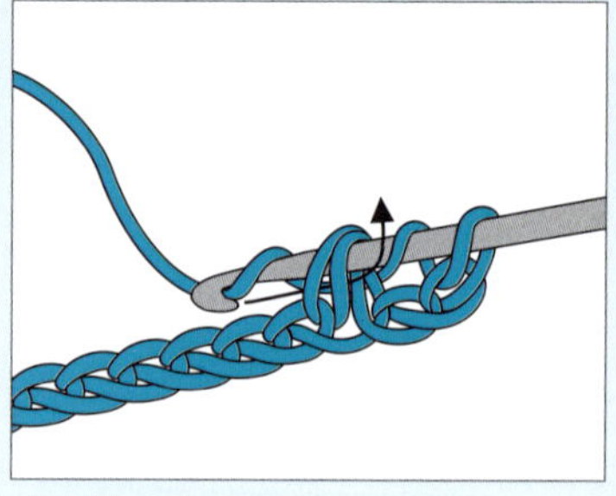

1 Umschlag um die Nadel legen, in die vorgesehene Masche einstechen. Den Faden holen und durchziehen. Es liegen nun 3 Schlingen auf der Nadel.

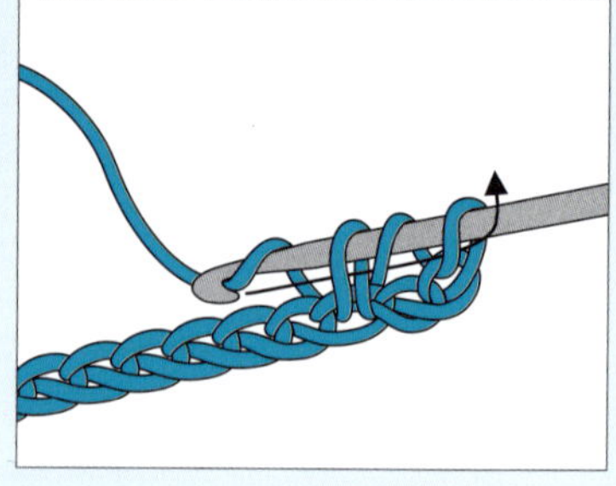

Den Faden nochmals holen und durch alle 3 Schlingen ziehen.

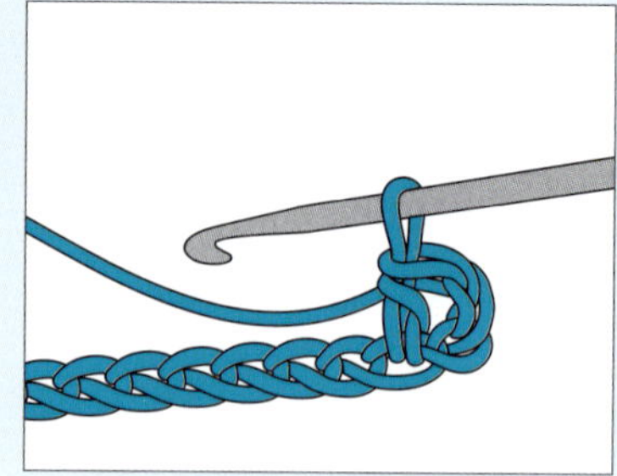

Das halbe Stäbchen ist fertig.

STÄBCHEN

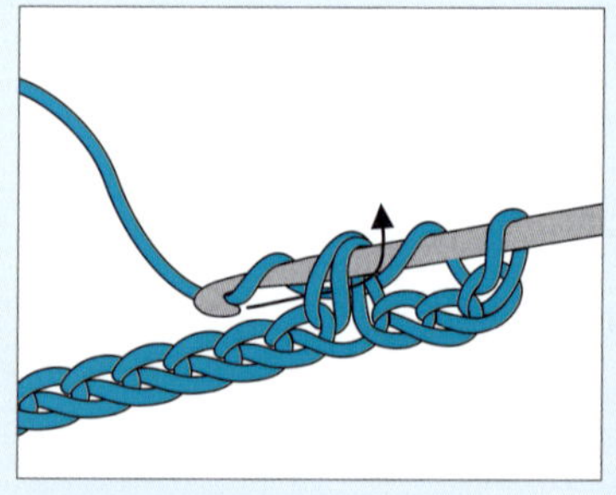

1 Umschlag um die Nadel legen und in die vorgesehene Masche einstechen. Den Faden holen und durchziehen. Es liegen nun 3 Schlingen auf der Nadel.

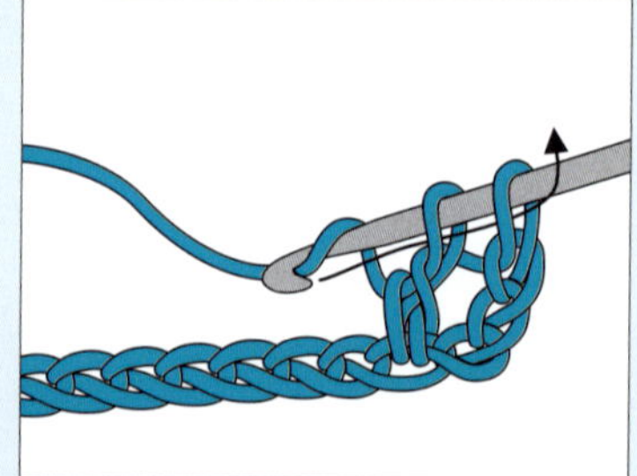

Den Faden erneut holen und durch 2 Schlingen der Nadel ziehen. Es liegen nun 2 Schlingen auf der Nadel.

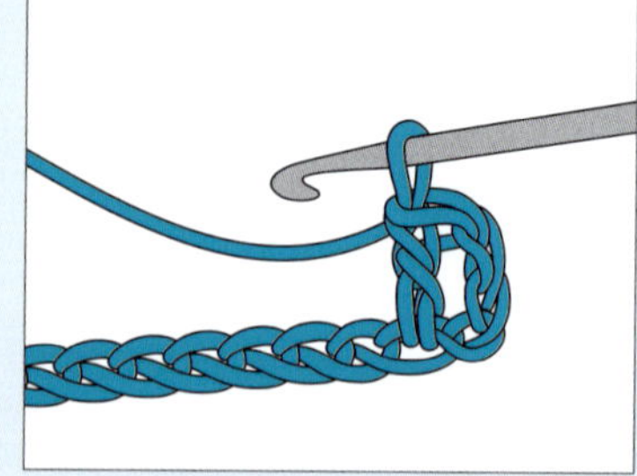

Den Faden nochmals holen und durch die restlichen 2 Schlingen ziehen. Das Stäbchen ist fertig.

DOPPELSTÄBCHEN

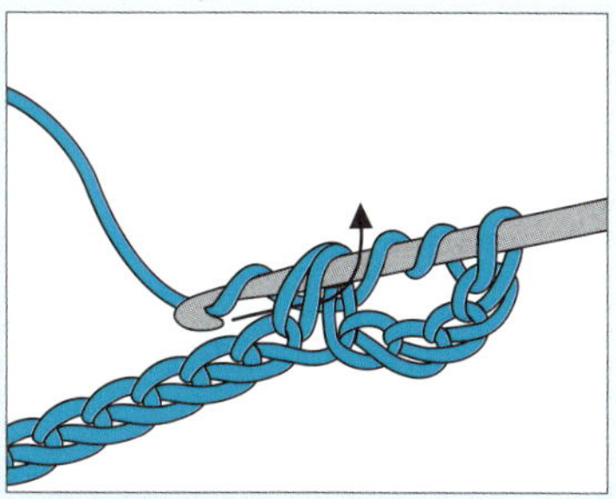

2 Umschläge um die Nadel legen und in die vorgesehene Masche einstechen. Den Faden um die Nadel legen. Diesen Umschlag durchziehen.

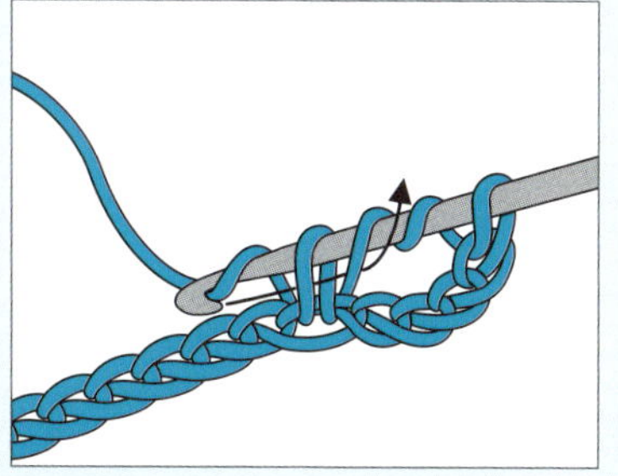

Es liegen nun 4 Schlingen auf der Nadel. Den Faden wieder um die Nadel legen. Diesen Umschlag durch 2 der 4 Schlingen ziehen.

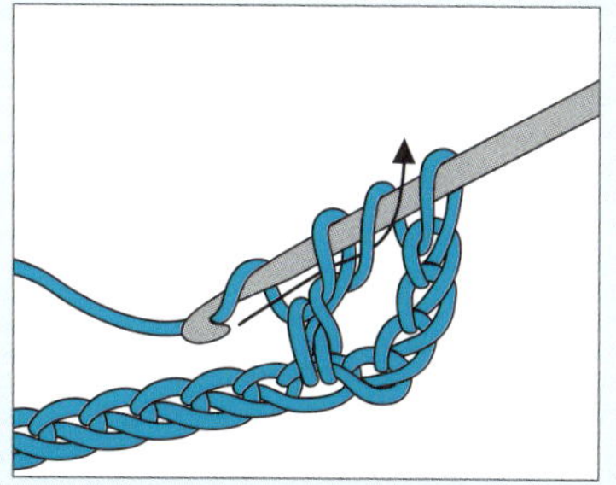

Es liegen nun 3 Schlingen auf der Nadel. Den Faden wieder um die Nadel legen. Diesen Umschlag durch 2 der 3 Schlingen der Nadel ziehen.

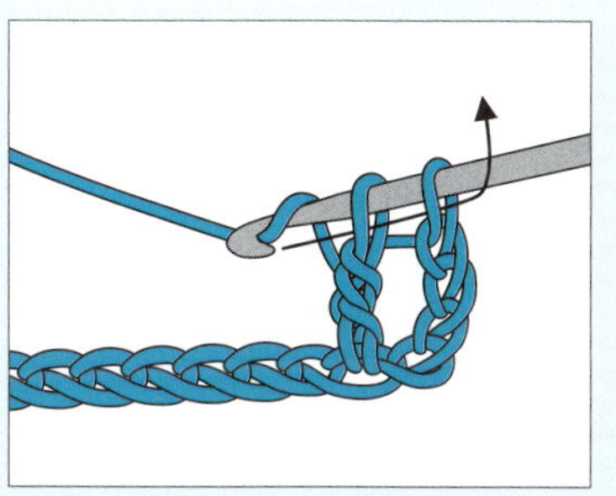

Den Faden noch einmal um die Nadel legen. Diesen Umschlag durch die letzten beiden Schlingen der Nadel ziehen.

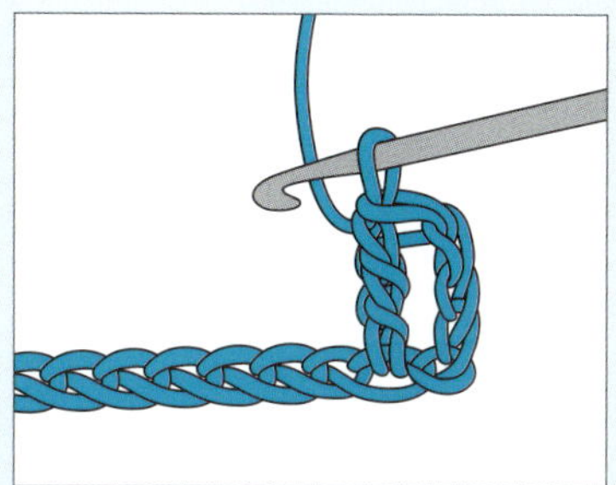

Das Doppelstäbchen ist fertig.

ARBEIT BEENDEN

Endet die Arbeit mit einer Luftmasche, schneidet man den Faden einfach ab und zieht das Fadenende aus der Luftmasche und dann fest.

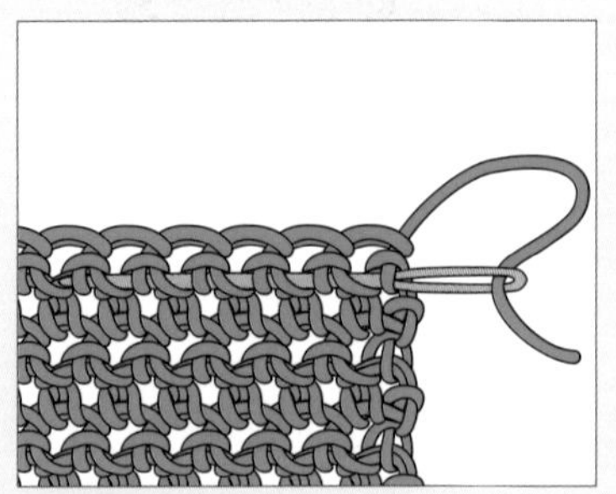

Falls angegeben, zum Vernähen das Fadenende in eine stumpfe Wollnadel fädeln und in die Randmaschen einziehen. Möglichst nicht durch das Garn stechen.

Endet die Arbeit mit einer Kettmasche, schneidet man den Faden ebenfalls ab und zieht ihn aus der Kettmasche. Danach fädelt man den Faden von vorne durch die folgende Masche und dann von oben wieder durch die Kettmasche (= durch die hintere Schlaufe). Damit dies besser hält, das Fadenende nun zusätzlich noch durch die hintere Schlaufe der Masche in der darunterliegenden Runde fädeln.

ABKÜRZUNGSVERZEICHNIS

anschl.: anschlagen
Nd: Nadel
Lm: Luftmasche(n)
WL: Wendeluftmasche
fM: feste Masche(n)
Km: Kettmasche(n)
hStb: halbes Stäbchen
Stb: Stäbchen
DStb: Doppelstäbchen
3Stb: Dreifachstäbchen
M: Masche
verd: verdoppeln (2 fM in 1 M häkeln)
ver3: 1 M verdreifachen (3 fM in 1 M häkeln)
zus: zusammenhäkeln
ivMg: nur in vordere Maschenglieder häkeln
ihMg: nur in hintere Maschenglieder häkeln
Mg: Maschenglied
Rd: Runde(n)
R: Reihe(n)
(...) x2 / (...) x3 / (...) x4: Das in Klammern Geschriebene so oft wie angegeben wiederholen
ihMg (...) / ivMg (...): Das in Klammern Geschriebene ihMg oder ivMg häkeln

Über die Autorin

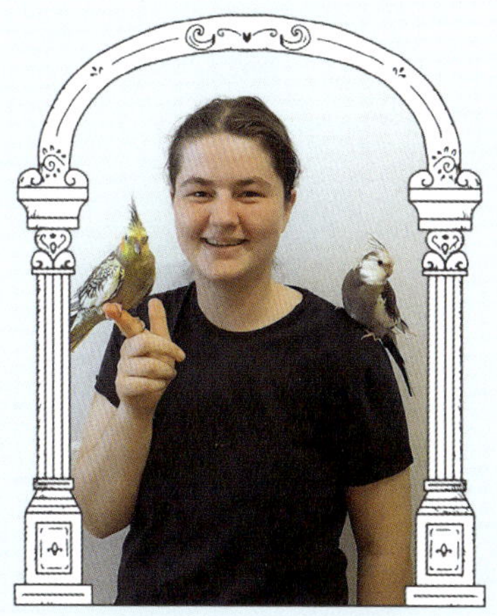

Sonja Herberhold, geboren 2004 in München, begann bereits im Grundschulalter mit dem Häkeln. Sie vertiefte ihre kreative Leidenschaft im Laufe der Jahre mehr und mehr und fing im Alter von etwa 13 Jahren an, eigene Anleitungen zu verfassen, insbesondere Tiere, die sie seit der Kindheit begeistern. Seit Herbst 2022 wohnt Sonja Herberhold mit ihren 2 Nymphensittichen in Rostock und studiert Biologie.

Nachwort und Danksagung

Nach der Veröffentlichung meines ersten Häkelbuchs im Frühjahr 2023 (Amigurumi Wildtiere häkeln) freue ich mich nun sehr auf ein zweites Buch mit Häkelanleitungen! Nachdem ich mich in den letzten Jahren immer mehr auf das Häkeln von Tieren konzentriert habe, war es eine tolle Erfahrung, mich nun mit dem Häkeln von Figuren auseinanderzusetzen.

Deshalb möchte ich mich als Erstes beim Christophorus-Verlag und insbesondere bei Lena Denu aus dem Produktmanagement bedanken für die wundervolle Möglichkeit und das Vertrauen in mich, die beliebten Zeichentrick-Figuren in süße kleine Amigurumi-Prinzessinnen zu verwandeln.

Außerdem bedanke ich mich bei meinen Eltern und Geschwistern, die mich und meine »Häkelkarriere« auch nach meinem Auszug von Zuhause noch tatkräftig unterstützen! Ebenso danke ich meinen Freundinnen und Freunden, die mich ebenfalls immer weiter motivieren und mit Ideen beliefern ☺.

Zu guter Letzt möchte ich natürlich auch meine beiden Nymphensittiche nicht vergessen, die mich trotz Klausurenphase immer wieder dazu bringen, eine kleine Pause für's Häkeln einzuschieben ☺.

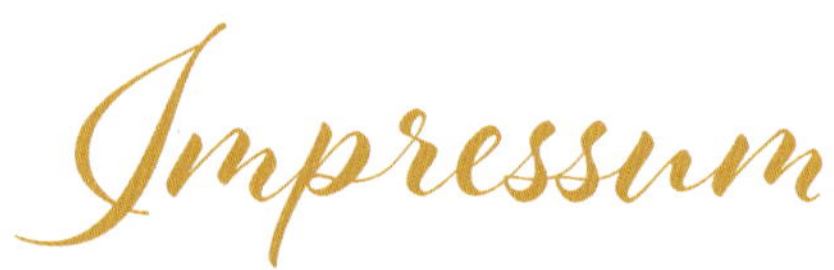

Autorin: Sonja Herberhold
Fotos: Vjaceslav Shishlov
Styling: Arina Meschanova
Bastelhintergründe: Inga Bikerniece
Projektmanagement: Lena Denu
Lektorat: Brigitte Schnock
Korrektorat: Anna Maier
Umschlaggestaltung: Andreas Kersten
Satz: Silke Schüler
Repro: LUDWIG:media
Herstellung: Julia Hegele
Printed in Poland by CGS Printing

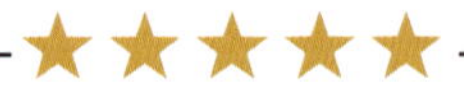

Sind Sie mit diesem Titel zufrieden? Dann würden wir uns über Ihre Weiterempfehlung freuen. Erzählen Sie es im Freundeskreis, berichten Sie Ihrem Buchhändler oder bewerten Sie beim Onlinekauf. Und wenn Sie Kritik, Korrekturen oder Aktualisierungen haben, freuen wir uns über Ihre Nachricht an Christophorus Verlag, Postfach 40 02 09, D-80702 München oder per E-Mail an lektorat@verlagshaus.de.

Unser komplettes Programm finden Sie unter

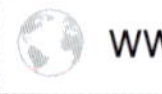 www.christophorus-verlag.de 

Die Deutsche Nationalbibliothek verzeichnet diese Publikation in der Deutschen Nationalbibliografie; detaillierte bibliografische Daten sind im Internet über www.dnb.de abrufbar.

Infanteriestraße 11a
80797 München

ISBN 978-3-8410-6753-1

 Kreativ-Service

Sie haben Fragen zu unseren Büchern und Materialien? Wir beraten Sie gern rund um alle Kreativthemen. Rufen Sie uns einfach an. Wir interessieren uns auch für Ihre eigenen Ideen und Anregungen. Sie erreichen uns per E-Mail kreativ-service@c-verlag.de oder unter der Telefonnummer 0049-89-1306 99 577.

Besuchen Sie uns im Internet: www.christophorus-verlag.de & www.selbstgemacht.de

Quellenverzeichnis Zitate

- S. 16-17: Gebrüder Grimm: *Kinder- und Hausmärchen gesammelt durch die Brüder Grimm*, hg. v. Heinz Rölleke. Frankfurt am Main: Suhrkamp Verlag 1985.
- S. 19: *Schneewittchen und die sieben Zwerge* (1937), David D. Hand, United States: Walt Disney Productions.
- S. 22-24: *Die Schöne und das Biest* (1991), Gary Trousdale und Kirk Wise, United States: Walt Disney Pictures, Walt Disney Feature Animation, Silver Screen Partners IV.
- S. 29: *Pocahontas* (1995), Mike Gabriel und Eric Goldberg, United States: Walt Disney Pictures, Walt Disney Feature Animation.
- S. 32-34: *Arielle, die Meerjungfrau* (1989), John Musker und Ron Clements, United States: Walt Disney Pictures, Walt Disney Feature Animation, Silver Screen Partners IV.
- S. 38: *Rapunzel – Neu verföhnt* (2010), Nathan Greno und Byron Howard, United States: Walt Disney Pictures, Walt Disney Animation Studios.
- S. 42-44: *Aladdin* (1992), John Musker und Ron Clements, United States: Walt Disney Pictures, Walt Disney Feature Animation.
- S. 48: *Tinker Bell* (2008), Bradley Raymond, United States: Walt Disney Pictures, DisneyToon Studios.
- S. 50: Barrie, James M.: *Peter Pan*. 4. Auflage. Berlin: Insel Verlag 2015.
- S. 54-56: *Die Eiskönigin - Völlig unverfroren* (2013), Chris Buck und Jennifer Lee, United States: Walt Disney Pictures, Walt Disney Animation Studios.
- S. 60-62: *Cinderella* (1950), Wilfred Jackson, Hamilton Luske und Clyde Geronimi, United States: Walt Disney Productions.
- S. 66-70: *Küss den Frosch* (2009), John Musker und Ron Clements, United States: Walt Disney Pictures, Walt Disney Animation Studios.
- S. 74-76: *Vaiana* (2016), John Musker und Ron Clements, United States: Walt Disney Pictures, Walt Disney Animation Studios.
- S. 80-82: *Mulan* (1998), Barry Cook und Tony Bancroft, United States: Walt Disney Pictures, Walt Disney Feature Animation.